UITGAVEN VAN HET
NEDERLANDS HISTORISCH-ARCHAEOLOGISCH INSTITUUT TE İSTANBUL

Publications de l'Institut historique et archéologique néerlandais de Stamboul

sous la direction de
A. A. CENSE et A. A. KAMPMAN

XIV

IBN BĪBĪ
ALS KUNSTHISTORISCHE QUELLE

Ich widme diese Studie
meiner treuesten
Mitarbeiterin, meiner
Frau

IBN BĪBĪ
ALS KUNSTHISTORISCHE QUELLE

VON

K. ERDMANN
Direktor der Islamischen Abteilung der Staatlichen Museen Berlin

İSTANBUL
NEDERLANDS HISTORISCH-ARCHAEOLOGISCH INSTITUUT
IN HET NABIJE OOSTEN
1962

Printed in the Netherlands

INHALTSVERZEICHNIS

VORWORT

In der Festschrift für Robert Böhringer ist ein Aufsatz von Rudolf Fahrner über ʿAlāʾuddīn Kayqobād erschienen. Man wird überrascht sein, in einer Festschrift für einen Archäologen aus der Feder eines Germanisten einen Beitrag über einen seldschukischen Sultan des 13.Jahrhunderts zu finden. Aber dieser Sultan ʿAlāʾuddīn Kayqobād, der von 1220–1237 in Konya herrschte, ist eine faszinierende Gestalt, die in manchem an ihren grösseren Zeitgenossen Friedrich II. von Hohenstaufen erinnert. Wir haben das Glück, über diesen Sultan und seine Regierungszeit eine gute Quelle zu besitzen, das in persischer Sprache geschriebene „al-Awāmir al-ʿAlāʾīja fiʾl-Umūr al-ʿAlāʾīja" des Ibn al-Bībī al-Munağğima, das, oder richtiger dessen noch zu Lebzeiten des Verfassers von einem unbekannten Autor verfasste Epitome uns seit kurzem in einer deutschen Übersetzung vorliegt mit H. W. Duda's *Die Seltschukengeschichte des Ibn Bībī* (Munksgaard, Kopenhagen 1959). Der Titel ist vielleicht ein wenig irreführend, denn die Geschichte des rumseltschukischen Sultanats umfasst die Zeit von 1077–1307, das Buch Ibn Bībīs behandelt jedoch nur die Zeit von 1192–1280, also einen Ausschnitt, allerdings die wichtigste Periode, wobei die Jahre 1220–1237, die Regierungszeit ʿAlāʾuddīn Kayqobād's, den grössten Raum einnehmen.
Als mich H. W. Duda fragte, ob ich in der Lage wäre, zu seinem Buch Stellung zu nehmen, zögerte ich. Ich bin kein Philologe, kann also seine Leistung bei dieser Edition nicht beurteilen. Ich bin auch kein Historiker, nicht einmal Kulturhistoriker, mithin nicht in der Lage, den zweifellos grossen Wert des Buches in dieser Hinsicht richtig einzuschätzen. Je mehr ich las, um so klarer wurde mir, dass es noch einen anderen Weg, gewiss einen Nebenweg, gab, sich mit dieser Quelle auseinanderzusetzen und so schlug ich vor, das Buch unter dem Titel *Ibn Bībī als kunsthistorische Quelle* anzuzeigen. Das wurde akzeptiert. Ich hatte an einen kurzen Aufsatz gedacht, der das Thema nur anschlug. Das liebenswürdige Entgegenkommen A. A. Kampman's bietet mir jetzt einen breiteren Rahmen, den ich aber auch nur skizzenhaft füllen kann, da eine gründliche Durcharbeitung des Stoffes erst in Jahren möglich sein würde, was der ursprünglichen Intention, einen breiteren Leserkreis auf die Publikation H. W. Duda's hinzuweisen, widerspräche.
Der Herausgeber hat sein Buch mit einem sorgfältig gearbeiteten Namens- und Ortsregister versehen. Was fehlt, aber auch nicht von ihm zu erwarten war, ist ein Sachregister. Ich habe nicht die Absicht, dieses, das recht umfangreich werden würde, hier nachzuliefern. Bei der Lektüre der Fahnen und später des Buches habe ich die in Frage kommenden Stellen angestrichen und diese dann grob verzettelt, wobei ich mich natürlich nur an den Text der Übersetzung halten konnte. Das Wesentliche hoffe ich erfasst zu haben. Was ich hier geben kann, ist eine Übersicht, bei der ich auf die Angabe der näheren Umstände verzichte, wo diese für den Zusammenhang nicht wichtig sind. Der interessierte Leser kann sich schnell

orientieren an Hand der Seitenangaben, die sich immer auf das Buch Duda's bzw. auf seine Schlussanmerkungen, in denen er Ergänzungen der Epitome nach dem Original-Manuskript in der Bibliothek der Hagia Sophia bringt, beziehen. Bei dieser Übersicht schien eine Beschränkung auf rein kunstgeschichtliche Themen nicht immer ratsam. Überschneidungen mit kulturhistorischen ergaben sich wiederholt. An manchen Stellen dürften diese für die kunsthistorische Auswertung von Bedeutung sein. So wurden sie, wo diese Vermutung gerechtfertigt erschien, herangezogen. Eine Auswertung ist nicht Aufgabe dieser Übersicht. Die am Ende des Buches gegebenen Abbildungen (s. Taf. I–X) möchten als Hinweise dienen, in welcher Form eine Beschäftigung mit diesem Material, aber mehr noch eine Beschäftigung mit dem Buch, dem dieses Material entnommen ist, fruchtbar werden könnte.

IBN BĪBĪ
ALS KUNSTHISTORISCHE QUELLE

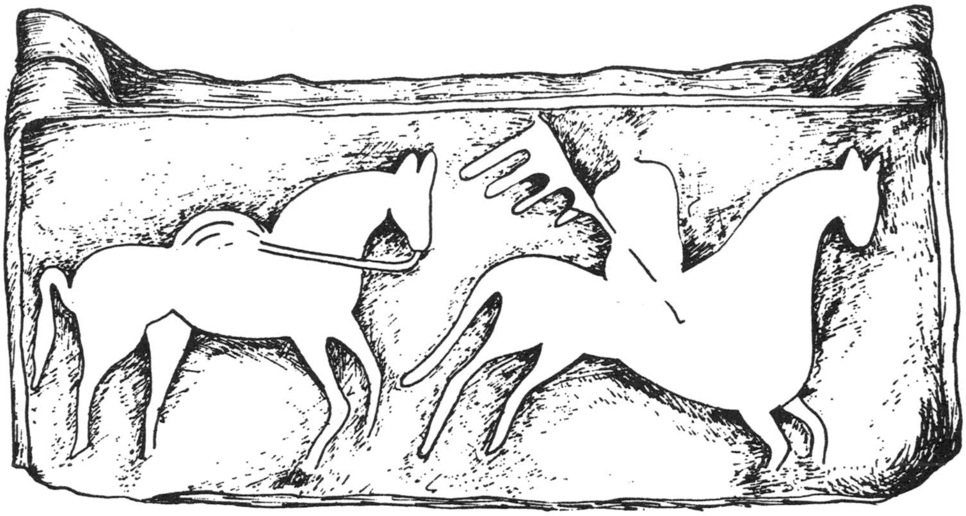

I. *Einleitung: Zitate aus Ibn Bībī*

Bevor ich beginne, möchte ich drei grössere Zitate voranstellen, nicht nur weil sie besonders aufschlussreich sind, sondern mehr noch, weil sie einen guten Eindruck von Ibn Bībī's Art der Darstellung geben.

A

Bericht über den Bau der Stadtmauer von Konya und Sivas und dessen Verteilung an die Emire des Reiches im Jahre 618 (S. 110 f.)

An einem Tage, da auf dem tiefblauen Himmel der Ḫosrau des Ostens seine glückverheissende Wange zeigte, tummelte der Sultan, um spazierenzureiten, sein Ross mit den Emiren des Hofes und den Heerführern in den Fluren und Gärten von Konya. Plötzlich sah er zur Stadt hin, sah eine Stadt mit Menschen und Reichtümern geziert, in ihrer Länge und Breite eine Tagreise Weges, (sah) unterhaltgewährende und fruchtbringende Bäume gepflanzt, (Qiṭʿa, Mutaqārib:)
Ihr Wasser hatte vom Euphrat den Spieleinsatz gewonnen,
Ihr (über sie hinwehender) Wind war über das Wasser des ewigen Lebens gestrichen.

Von allen Ländern waren Menschen hingeeilt,
Hatten in jener Stadt des Frohmutes sich ein Vaterland geschaffen;
Keine Stadt, eine ganze Welt war sie;
Sie war ein tiefes Meer und die Stadt der Berühmtheit.

Jedoch (arabisch:) „wie die Klinge, deren beide Kanten entblösst worden sind von der Scheide" (persisch:) entbehrte sie des Mantels der Stadtmauer. Der Sultan sagte daher zu den Emiren des Reiches: "Es wäre einfach ein Fehler, eine so berühmte Stadt, die anmutigen Bräuten gleicht, vom Mantel einer Stadtmauer entblösst zu lassen. Wenn auch durch unsere siegreiche Schlachtreihe und unseren herzdurchbohrenden Speer rings um die Welt eine Festungsmauer besteht, so ist es doch meine feste Überzeugung, dass die verständigen Menschen ständig sich vor der Begehrlichkeit und Lüsternheit der anderen fürchten müssen; denn das wandelbare Geschick legt sich nicht auf eine Meinung fest. Die Zeit gebiert Ereignisse und der Spiegel des Himmels zeigt allerlei Vorfälle. (Bait, Muǧtaṯṯ:)

Tausend Bilder bringt die Zeit und es ist nicht Eines so, wie es im Spiegel unserer Vorstellungskraft sich darstellt.

(Prosa:) Unsere Meinung neigt dazu, rings um diese Stadt und um Sivas eine Stadtmauer zu ziehen, auf dass die unheilvolle Spitzhaue des trügerischen Zeitenlaufes an ihr nicht wirken könne und der, der in den Zeitläuften nach Hass sucht, sich von ihr enttäuscht abkehre." Dann befahl er, dass sie tüchtige Baumeister und Zeichner herbeibrächten. Der Sultan stieg hierauf mit den Emiren zu Pferde und ritt rings um die Stadt, damit sie die Stellen der Türme, Kurtinen und Tore einzeichneten. Darauf gab er den Hofbeamten Anweisung, dass sie auf Kosten der Privatschatulle vier Tore mit mehreren Türmen und Kurtinen bauen sollten. Das übrige verteilte er einzeln auf die Emire der Länder. Er befahl, dass sie in jener Angelegenheit Eile zeigten und die Gelegenheit beim Schopf erfassten. Sodann sandte er einen Ferman an den Amīr-i-Maǧlis in Sivas des Inhalts, dass auch jener mit der Zustimmung der Malik und Emire jener Gebiete den Grundstein zu einer berghohen Stadtmauer für Sivas lege.

So begannen sie, in Konya und in Sivas die Grundfesten der Stadtmauer zu errichten und waren bei Tag und Nacht mit grösster Kraft und Energie beflissen, sie zu vollenden. Unter gegenseitigem Wetteifer und gegenseitiger Eifersucht liessen sie nicht ab, die Grundfesten stark zu machen, die Kurtinen zu erhöhen und die Türme hoch aufragen zu lassen. Dann gaben sie dem Sultan über die Fertigstellung Nachricht. Der Sultan stieg zu Pferde und ritt rings um den Festungsgraben herum, betrachtete alles mit dem Blicke der Anerkennung und fand Gefallen daran. Er befahl, dass jeder einzelne seinen Namen in Gold auf Stein anbringen lasse, damit durch viele Menschenalter hindurch von ihren Werken Ruhm und Zeugnis dauerten. Darauf liess er das Gelage richten und ergab sich dem Wohlleben.

B

Bericht über Qobādābād und über den Befehl des Sultans, dort einen Palast zu errichten (S. 146 ff.)

Als der Sultan wie ein König Salomon auf dem Rücken schneller Vollblutpferde jene Tagesreisen zurückgelegt hatte und über die Hauptstadt Konya hinausgekommen war, gelangte er zu den köstlichen Gefilden von Akrīnās. Er sah so einen Ort, dass Riḍwān, wenn er dahin gelangt wäre, sich hätte von den Paradiesesgärten trennen wollen und in den Finger der Verwunderung gebissen hätte.

(Qiṭʿa, Mutaqārib:)
Sein Boden, ob des Grüns türkisfarben,
Von Tulpen auf ihm Punkte von Blut,
In jedem Winkel eine Quelle wie Rosenwasser,
Du würdest sagen: eine glänzende Träne, kein Wasser!
Die Luft moschusduftend und der Boden voll Zierat,
Darauf einherschreitend mannigfaltiges Wild.
Ein grünes Meer, süss wie Milch
Voll von Wellen, gleich chinesischer Seide,
Darin eine Insel: nur wer ihr nahe ist,
Kann sagen, welch köstliches Stück Land sie ist.
Eine Quelle, zum Meere fliessend, ist da,
Bei deren Anblick der Greis zum Jüngling wird.

(Prosa:) Er befahl daher dem Saʿduddīn Köpek, der zu jener Zeit Oberst-Jagd- und Baumeister war, dass er dort mit dem Bau eines Palastes beginnen solle, der mit seiner Köstlichkeit die Ernte des Paradieses zum Drusch bringen und seiner lieblichen Schönheit die Paläste Sedīr und Ḫawernaq in Schatten stellen solle. Der Sultan zeichnete ganz nach seiner eigenen Idee das Bild jenes Palastes nach freiem Ermessen auf und bestimmte für jede einzelne Stelle die Zimmer. Saʿduddīn Köpek stellte gemäss dem entschiedenen Befehle in kürzester Zeit schmucke und herzerfreuende Aussichtspunkte und Palastgebäude her, die prächtiger waren als die Seelen der Leute der Enthaltsamkeit und geräumiger als die Ebene der Selbstbescheidung. Sie waren äusserst schmuck und ständig von einem wohltuenden Luftzug durchweht. Ihre gewölbten Kuppeln wetteiferten mit dem Muqarnas des höchsten Himmels. Aus Eifersucht über seine türkisene und azurne Ausstattung wurde das Antlitz des türkisfarbenen Himmels indigo-blau und safrangelb. Nachdem der Palast ausgemalt und mit Schriftbändern versehen worden war, lenkte der Sultan die Zügel nach Antalya und ʿAlāʾīja.

C

Bericht über die Unabhängigkeit des Ṣāḥib Šamsuddīn auf dem Throne der Macht (S. 250 ff.)

Als die prunkvollen Gefolgsscharen des Ṣāḥib auf den Pfaden des Frohsinns mit der himmlischen Glückseligkeit zusammentrafen und er das Reich in die Hand seiner Verwaltung und Anordnungen gebracht hatte, teilte er seine Zeit genau ein und grenzte die körperlichen und geistigen Genüsse voneinander ab. Im letzten Drittel der Nacht liess er sich auf seinen Sitz nieder und die Koransänger fingen im Turnus zu rezitieren an. Und sobald der Muezzin den Ruf (arabisch:) „Das Gebet hat nun begonnen!" erschallen liess, erhoben sich gross und klein einmütig, um auszuführen, was geschrieben steht. Sobald man dann das, was die Pflicht gebietet, durchgeführt hatte, brachte der Expedient des Dīvāns die Bestallungsurkunden und die Befehlsschreiben, die am Vortage geschrieben worden waren, herein, worauf er sie, nachdem er sie gelesen und korrigiert hatte, zur Unterschrift gelangen liess. Hierauf wurde den Emiren gestattet, zum Grusse hereinzukommen. Darauf setzte er die Sultanshaube und manchmal die silberne, golddurchwirkte Mütze aufs Haupt, stieg zu Pferde und vollführte in ganzer Majestät den Spazierritt. Wenn er dann zurückkehrte, liess er die Sultanstafel aufstellen, und sobald sich der Sultan vom Throne in das Ruhegemach zurückgezogen hatte, wurde mit grösster Pracht und Herrlichkeit ein Dīvān abgehalten. Während die Dragomane und Sekretäre zur Linken und zur Rechten entsprechend der Rangordnung dasassen, der Ṣāḥib an einer der Säulen des Thrones lehnte und Qaraṭaj und Šamsuddīn Baba davon entfernt im Dienste daknieten und der Amīr-i-Dād Rašīduddīn und der Amīr-i-Dād Ḫaṭīruddīn das goldene Schwertgehenk umgetan am Rande der Vorhalle standen, liess man die ihr Recht Heischenden zum Richterspruch gelangen. Sie trugen ihre Angelegenheiten den Sekretären vor. Sobald dann der Ṣāḥib aus dem Dīvān nach Hause gekommen war, liess er die grossherrliche Tafel richten. Nachdem man sie aufgehoben hatte, ging man auseinander. Dann pflog der Ṣāḥib eine Zeitlang der Ruhe. Darauf begab er sich wieder zur Vorhalle, liess den Mewlānā Tāğuddīn Tebrīzī kommen und führte mit ihm Gespräche auf dem Gebiete verschiedener Wissenschaften. Das Mittagsgebet vollführte er dann in der Gemeinschaft. Darauf kam Walījuddīn, der Kalligraph aus Tebrīz, herein, und sie trieben bis zum Nachmittagsgebet Kalligraphie. Nach dem Nachmittagsgebet begab er sich dann auf den Turnierplatz und ritt bis zur Tagesneige umher. Dann kehrte er nach Hause zurück und vollführte das Abendgebet. Daraufhin liess man das Gelage rüsten. Und bis Mitternacht pflegte er Qaṣīden von feingebildeten Persern und Arabern, die von fern und nah Gunst heischend hergekommen waren, Freitagspredigten und Abhandlungen anzuhören. Die Gespräche bewegten sich so auf den verschiedensten Gebieten der Wissenschaften, besonders aber auf dem der Geschichtswissenschaft.

II. *Hoheitszeichen*

Die geläufigen Zeichen der Sultanswürde sind natürlich *Thron* und *Krone*. An den meisten Stellen, wo der *Thron* erwähnt wird, ist er nur eine Umschreibung für Herrschaft (so z.B. S. 21, 36, 38, 47, 55, 75, 95, 98, 116, 117, 119, 149, 175, 184). Der eigentliche Thron des Seltschukenhauses, der „Thron der hochedlen Väter" (S. 40), der „Thron der Seltschuken" (S. 313), stand im Palast auf dem Burgberg in Konya (S. 313, 18, 22, 32, 40, 44, 55, 259), aber auch in Kayseri wurden Inthronisierungen vorgenommen (S. 51, 90, 112, 200). Gewiss waren in den anderen grossen Städten Throne vorhanden. Für ʿAlāʾīja (S. 160) und Erzerum (S. 173) wird es erwähnt. Nach der Eroberung von Antalya setzte sich Sultan Ġijāṯuddīn auf den „Thron des Landes" (S. 63). Auch bei der Eroberung von Sinop (S. 67) und beim Besuch von Āmid (S. 25) werden Throne erwähnt. Der Thron, den ʿIzzuddīn Kaikāūs im Dorfe Altıntaş besteigt, während seine Brüder Ruknuddīn Qylyğ Arslān und ʿAlāʾuddīn Kaiqobād zu seiner Rechten und Linken auf „Königlichen Sitzen" Platz nehmen (S. 239/40) dürfte in einem Zelt gestanden haben. Über das Aussehen des Thrones erfahren wir wenig. Am ausführlichsten ist noch die Stelle, an der über den Empfang des Gesandten des Ḫvārezmšāh am Hofe Sultans ʿAlāʾuddīn Kaiqobād in ʿAlāʾīja berichtet wird: „Er nahm auf dem goldenen, juwelengeschmückten Thron, den man für die Audienz von grossen Botschaftern verfertigt hatte . . . Platz" (S. 160). Im Bericht über die Unabhängigkeit des Ṣaḥib Šamsuddīn (Iṣfahānī) (s.o.) wird gesagt, dass „der Ṣāḥib an einer der Säulen des Thrones lehnte" (S. 251), ohne dass klar wäre, wie das zu verstehen ist (s.u.). Offenbar stand der Thron erhöht. Nach der Eroberung Erzerum's schritt der Sultan ʿAlāʾuddīn „vom Thron hinab, ergriff die Hand des (besiegten) Malik Ašraf und wies ihm auf dem Teppichbelag, den man zu Füssen des Thrones vorgerichtet hatte, in seiner Nähe einen Platz an" (S. 173). Beim Besuch des Gesandten aus Bagdad heisst es: „. . . ergriffen mit Ehrerbietung die rechte und linke Hand des Gesandten und liessen ihn am Fusse des Thrones auf dem Sitz, den sie bereitet hatten, niedersitzen. Die Geschenkbündelträger der Kalifatshauptstadt legten die Geschenkbündel an den Rand der Estrade" (S. 112). Gesandte werden „an den Fuss des Thrones zum Handkuss" geführt (S. 95), auch ein Streit bricht „am Fuss des Thrones" (S. 259) aus. Diese Estrade, auf der der Thron stand, kann allerdings nicht sehr hoch gewesen sein, denn das Handpferd, das der Kalif dem Sultan schenkt, wird hinaufgeführt (S. 112). Wie der Sultan sass, wird nicht erwähnt. Die einzige Stelle, die sich auf die von den bildlichen Wiedergaben so bekannte Hockerstellung bezieht – „. . . setzte sich der Sultan . . . auf die vier Kissen des Frohsinns mit gekreuzten Beinen nieder" (S. 70) – ist eine allgemeine rhetorische Wendung.

Nicht anders ist es mit der *Krone*, die überdies sehr viel seltener genannt wird als der Thron. „Thron und Krone" (S. 175), „Krone und Siegelring" (S. 18, 92),

„Krone und Thron" (S. 50), sind nur Umschreibung für Herrschaft, und auch die einzige etwas ausführlichere Stelle anlässlich des Empfanges des Gesandten aus Ḫvārezmien am Hofe ʿAlāʾuddīn Kaiqobād in ʿAlāʾīja – „. . . setzte die Kaiqobādische Krone aufs Haupt" (S. 160) – ergibt nichts für die Form der Krone, ja lässt wohl nicht einmal den Schluss auf eine persönliche Kronenform der einzelnen Herrscher zu. Auch der *Turban* wird nur selten erwähnt. Der Kalif schickt an ʿAlāʾuddīn Kaiqobād einen Turban, „den man in Bagdad gebunden hatte" (S. 102, s.a. S. 69 „den mit der Schärpe umwundenen Turban" bei der Investitur mit den Hosen der Futuwwa). Einen schwarzen Turban zum Ehrenkleid des Kalifen legt der Sultan beim Empfang des Gesandten aus Bagdad an (Anm. 69). Nach dem Tode Sultans ʿIzzuddīn legitimiert sich der Bote, der ʿAlāʾuddīn aus der Festung Güḏerpirt holt, durch Turbanbinde und Siegelring des Verstorbenen „die schwarz umhüllt waren" (S. 93). Bei einem Zwischenfall am Hof von Konstantinopel benutzt Ġijāṯuddīn eine Turbanbinde als Boxhandschuh (S. 28). Gefangene werden „mit auf den Nacken gelegten Turbanbinden und gefesselten Händen" abgeführt (S. 89). Ein Fliehender windet, um unerkannt zu entkommen, „das Turbantuch auf dem Kopfe zu einem Turban mit Kinntuch zusammen" (S. 312). Bei der Niederlage am Köse Dağ „legte der Sultan das Turbantuch an das Gesicht und weinte" (S. 228). Turbanbinde und Siegelring des verstorbenen Sultans können als Legitimation eines Boten dienen (S. 92, 93). Etwas häufiger finden wir Erwähnungen der *Mütze*. Zwei Stellen (S. 39, 44) sind rhetorisch, ergeben immerhin Filz als Material. Beim Besuch des Brautgemaches hebt „der Sultan . . . die Mütze der Sultanswürde vom Kopfe ab" (S. 81). Ein Emir wirft bei seiner Verhaftung „die Kulāh auf den Boden" (S. 118). Bei der Trauer um Sultan ʿIzzuddīn setzen die Emire „die Kulāh verkehrt auf" (Anm. 53). Der Gesandte des Malik der Rus erhält zum Abschied neben „einem besonderen Ehrenkleid eine vergoldete Sultani-Mütze" (S. 136). Unter den reichen Geschenken des Malik ʿAlāʾuddīn Dāʾudšāh von Erzincan ist auch „eine Mütze in Juwelen getaucht" (S. 145). Mützen tragen die Mongolen (S. 183). „Mit Edelsteinen besetzte Mützen" schenkt der Mongolen Ḫān dem Ṣāḥib Šamsuddīn Isfahānī (S. 236), von dem es an einer späteren Stelle (S. 251) heisst: „Darauf setzte er die Sultanshaube und manchmal die silberne, golddurchwirkte Mütze aufs Haupt". Die Originalfassung hat hier „Darauf stieg der Ṣāḥib zu Pferde, nachdem er die Sultansmütze, oder manchmal für zeremonielle Zwecke den wollenen, golddurchwirkten Turban aufs Haupt gesetzt und dementsprechend kostbare Kaftane angezogen hatte" (S. 251, Anm. h).

In ähnlicher Funktion tritt auch der *Siegelring* des Sultans auf. „Siegelring und Turbanbinde" des verstorbenen Sultans dienen (s.o.) zur Legitimation eines Boten (S. 92, 93). Bei einem lebenden genügt offenbar der Siegelring allein als Ausweis (S. 121, 203, 204). „Krone und Siegelring" (S. 18, 92), „Thron und Siegelring" (S. 94), „Schwert und Siegelring der Königlichen Würde des Sultanates" (S. 101), sind Umschreibungen für Herrschaft. Dass *Ḫoṭba* (Nennung im Freitagsgebet) und *Münzprägung* dem Sultan vorbehalten sind, aber auch von fremden Eroberern oder Usurpatoren als Machtmittel benutzt werden, versteht sich von selber (S. 84, 99, 122, 212, 255, 305, 313).

Einen ungleich breiteren Raum nimmt im Text des Ibn Bībī das Hoheitszeichen ein, dass Duda als *Baldachin* bezeichnet. Er tritt nur in Verbindung mit der Person des Sultans auf und wird als der „grossherrliche" (S. 21, 71, 210) „königliche" (S. 32), auch „der Baldachin des Herrschers" (S. 145, 165) bezeichnet. Andere Beiworte sind „der gesegnete" (S. 23, 25), „der siegreiche" (S. 108, 220, 222), „der welterobernde" (S. 63, 130, 137) und „der welterleuchtende" (S. 106). Seine Bindung an die Person des Sultans ist so eng, dass er für diese eingesetzt werden kann. „Im Gefolge des grossherrlichen Baldachins" langt das Heer in Konya an (S. 21). S. 71 heisst es „dann zog das grossherrliche Baldachin nach . . ." S. 166: „Und unter glückhaften Vorzeichen und an günstigem Tage brach der welterleuchtende Baldachin auf." Wo der Baldachin erscheint, ist der Sultan anwesend, nur einmal (S. 271) heisst es „Der grossherrliche Baldachin und das Heer machten sich (aus Kayseri) unverzüglich nach der Hauptstadt auf. Hierauf begab sich der Sultan (ʿIzzuddīn) von Qalʿanda (in der Antalya Ebene) nach Konya." Hier marschieren also Sultan und Baldachin getrennt. Andererseits war anscheinend nicht jedes öffentliche Auftreten des Sultans mit dem Baldachin verbunden. Das ergibt sich schon daraus, dass „nach dem feststehenden Brauch bei den Sultanen von Rūm ihr Baldachin unentfaltet blieb, so lange man nicht Herr des Fürstentums Majjāfāriqīn und Bezwinger der Aufrührer und Rebellen jenes Landes war" (S. 220). Erst dann konnte man „den siegreichen Baldachin entfalten" (S. 220, 222). Die Farbe des Baldachins war schwarz. Als der Emir Köpek den Sultan veranlasst, sie in Blau zu ändern, wird das dahin verstanden, „dass der Sultan von Rūm sich des Wahrzeichens der Dynastie der Abbasiden schäme und aus Niedertracht aus seinem Baldachin ihre Farbe entfernt habe" (S. 205). Offenbar war der Baldachin von einem Adler bekrönt. „Als die Syrer . . . den Adler des welterobernden Baldachins gewahr wurden" heisst es S. 187, an anderer Stelle (S. 97) „Der Adler des grossherrlichen Baldachins hatte über der Sonne der Sultane Gefieder und Schwingen des Glücks geöffnet und den Schatten der Macht ausgebreitet" oder S. 63 „Feder und Schwinge des Adlers des welterobernden Baldachins entfalteten sich und die sieggewohnte Standarte rückte vor." Diese Verbindung findet sich auch sonst. „Mit Baldachin und Standarte" umreitet der junge Sultan ʿIzzuddīn Kaikāūs Konya (S. 244). „Mit dem Baldachin und der Standarte" begibt sich Sultan Ruknuddīn in der Schlacht am Sultan Han auf einen Hügel (S. 257). Bei der Eroberung von ʿAlāʾīja begibt sich ʿAlāʾuddīn Kaiqobād „mit Baldachin und Banner" zur Festung (S. 108). Nach der Eroberung von Erzerum begleitete er den nach Armenien ziehenden Malik Ašraf „eine lange Strecke mit Baldachin und Banner" (S. 174). „Mit Trommel, Feldzeichen, Trompete und Baldachin" zieht er bei Kayseri zum Turnierplatz (S. 120), wobei allerdings bemerkt wird, dass dies „entgegen der bisherigen Gewohnheit" gewesen sei. Offenbar geschah es wegen der vorangegangenen Verhaftung von vier hohen Würdenträgern. Dem Gesandten aus Bagdad reitet er von Kayseri aus bis zum Karwanseraj Lālā „mit Baldachin und Pauken" zum Empfang entgegen. Auf die sekundäre praktische Bedeutung des Baldachins wird offenbar angespielt, wenn es S. 32 heisst: „der Sultan betrat unter glückhaften Auspizien im schattigen Schatten des Baldachins die Stadt", oder S. 62: „Als der Schatten des Baldachins des Königs der Könige auf jene Trümmer fiel" oder übertragen „Der Adler des grossherrlichen Baldachins hatte... den Schatten der Macht ausgebreitet" (S. 97). Einzelheiten erfahren wir natürlich nur selten. Beim Feldzug des Sultans Ruknuddīn Sulaimānšāh sank „der Fuss des Pferdes des Baldachinträgers in das Loch einer Haselmaus und der Baldachin fiel zur Erde" (S. 35), worauf das Heer die Flucht ergreift. Beim Aufstand der Qaramanen im Jahre 1278 verhandeln die Aufrührer, die sich der Stadt Konya bemächtigt haben, mit der Besatzung der Burg. „Um des Segens teilhaftig zu werden, erbaten sie aus der Türbe der Sultane den Baldachin und die Standarte des Sultans ʿAlāʾuddīn. Obwohl die Insassen der Burg noch nicht auf ihrer Seite standen, so willfahrten sie ihrem Wunsch, um Übles abzuwenden und Bedrückung und Schaden zu verhüten, und liessen Baldachin und Standarte an der Burgmauer herab" (S. 313). Beim Zusammenbruch des Aufstandes entriss der „ʿAlamuddīn Qaiṣar ihnen sofort den Baldachin des Sultans ʿAlāʾuddīn, den der Ǧimrī, der falsche Sohn Sultans ʿIzzuddīn, aus Konya mitgenommen hatte und brachte ihn zum Hof des Sultanates" (S. 320).

Diese Stelle ist die letzte, an der Ibn Bībī den Baldachin nennt. Sie ist besonders aufschlussreich, denn sie beweist, dass der Empörer und falsche Seltschukenprinz den Baldachin benötigte, um seiner Herrschaft den Anschein der Legitimität zu verleihen. Wir erfahren ausserdem, dass der Baldachin Sultan ʿAlāʾuddīns im Mausoleum der rumseltschukischen Sultane auf dem Burgberg von Konya aufbewahrt wurde. Offen bleibt, ob wir aus dieser Stelle schliessen dürfen, dass jeder Sultan einen eigenen Baldachin (und dann ja wohl auch eine eigene Standarte) hatte und dass diese alle in der Türbe aufbewahrt wurden. Zumindest der Nachfolger ʿAlāʾuddīns müsste einen neuen Baldachin erhalten haben. Zur Zeit der Empörung des Ǧimrī befand sich der regierende Sultan Ġijāṯuddīn Kaiḫosrau im Winterlager in der Qāz Ova bei Turhal, von wo er nach Ankara zieht, um den Widerstand zu organisieren. Bei dieser Gelegenheit wird zwar ein eigener Baldachin nicht erwähnt, aber es ist kaum anzunehmen, dass er ohne dieses Hoheitszeichen war. Eine nähere Beschreibung des Baldachins wird nirgends gegeben. Wir erfahren nur, dass seine Farbe schwarz war und wir können erraten, dass er von einem Adler bekrönt war. Da er „entfaltet" wird und da er von einem Mann, der beritten sein kann getragen wird und da – vielleicht – mehrere solcher Baldachine in der ja nicht gerade grossen Türbe auf dem Burgberg in Konya aufbewahrt wurden, kann er nur die Form eines Schirmes gehabt haben, was auch Duda (S. 145, Anm. a)

feststellt und ja von zahlreichen späteren Darstellungen auf Miniaturen bekannt ist. Übrigens kommt der Baldachin niemals bei einer Zeremonie im Palast oder Zelt vor. Auch der thronende Sultan verwendet ihn nicht. Er tritt – seiner praktischen Funktion als Sonnenschutz entsprechend – nur unter freiem Himmel auf. Das erinnert an Persepolis, wo der Grosskönig nur beim Verlassen eines Palastes unter dem Schirm dargestellt wird. Thronend hat er dort einen Baldachin, der von vier Stützen getragen wird, über sich. Ob das am rumseltschukischen Hof auch der Fall war, darüber erfahren wir nichts bei Ibn Bībī ausser einem Hinweis: „Wenn der Ṣāḥib Šamsuddīn an einer der Säulen des Thrones lehnte" (S. 251), lässt sich das am einfachsten dahin verstehen, dass er an einem der Pfosten des Thronbaldachins lehnte; aber das ist natürlich ein recht schwacher Anhalt.
In Verbindung mit dem Baldachin treten *Standarte* und *Banner* auf. Beide sind sultanische Insignien, aber sie sind nicht, wie der Baldachin, an die Person des Herrschers gebunden. Nur wo sie zusammen mit dem Baldachin genannt sind, muss er anwesend sein. Mit „Baldachin und Standarte" beginnt er den Sturm auf eine Stadt (S. 63), zieht er siegreich in seine Hauptstadt Konya ein (S. 97), umreitet er seine Stadt (S. 244) oder wohnt er einer offenen Feldschlacht bei (S. 257). „Baldachin und Standarte" sollen einem Usurpator Legitimität verleihen (S. 313). Aber als 1214 bei der Eroberung von Sinop „eine Abteilung des siegreichen Heeres die Standarte des Sultanates unter vollendeten Ehrenbezeugungen in die Stadt einbrachte und auf der Höhe der Stadtmauer aufpflanzte" (S. 66), war der Sultan nicht zugegen. Als ʿAlāʾuddīn Kaiqobād auf Bitten des Kalifen ein Hilfskorps gegen die Mongolen aufstellt, das sich in Malatya sammelt, schickt er die Standarte durch einen hohen Würdenträger dorthin. Erst als dieser „mit der Standarte eingetroffen war und den Ferman überbracht hatte" (S. 114), beginnt der Abmarsch. Später, nachdem das Unternehmen abgebrochen ist, sendet der Oberbefehlshaber „einen grossen Emir mit der Sultansstandarte und seinem eigenen Adjutanten zum Sultan" (S. 116). Wie sie am Sultanshofe aufbewahrt wurde, wissen wir nicht. Wir erfahren nur, dass die Standarte des ʿAlāʾuddīn Kaiqobād zusammen mit seinem Baldachin in der Türbe der rumseltschukischen Sultane auf dem Burgberg in Konya stand (S. 313). Nach der Niederlage der Qaramanen wird nur von der Zurückgewinnung des Baldachins gesprochen (S. 320). Im Verlauf dieser Kämpfe und noch vor der Rückgewinnung des Baldachins werden qaramanische Gefangene „zum Vorhof des Sultans" geschickt, „damit man sie unter der Standarte aus dieser Welt in das Nichts befördere" (S. 320).
Während der Baldachin immer nur in der Einzahl genannt wird, kommt die Standarte auch im Plural vor, wenn auch nur in allgemeinen Redewendungen wie „Dienst bei den Standarten des Sultans" (S. 36), „Kundschaft über die Bewegung der Standarten des Sultans" (S. 48) oder „Einzug der Standarten unserer Herrschaft in Konya" (S. 98). Soweit bleibt die Standarte an das Sultanat gebunden. Bei der Eroberung von Āmid dagegen heisst es: „am nächsten Tage zog

jeder einzelne Emir mit seinen Truppen und seiner Standarte in die Stadt ein. Sie pflanzten dann ihre Fahnen auf der Stadtmauer von Āmid auf" (S. 216). Hier haben also auch Emire Standarten und Standarte und Fahne werden gleichgesetzt. Die Frage kompliziert sich durch einen anderen terminus: das *Banner*, das in ähnlichem Zusammenhang erscheint wie die Standarte. Wo es zusammen mit dem Baldachin auftritt, ist es zweifellos ein Sultanszeichen. „Mit Baldachin und Banner" zieht ʿAlāʾuddīn Kaiqobād in ʿAlāʾīja ein (S. 108) und begleitet er von Erzerum aus den Malik Ašraf (S. 174). Das Banner aufpflanzen, ist das Zeichen für die Eroberung einer Stadt oder einer Festung. Es ist dabei gleichgültig, ob der Sultan, wie bei der Eroberung von Antalya (S. 45), anwesend ist oder nicht, wie bei der Eroberung von Ankara (S. 61). „Das Banner des Königs der Welt aufpflanzen" heisst es bei der Eroberung von Kāḫta (S. 123) und Čemiškezāk (S. 125), mit „dem Banner des Sultans in der Hand" zieht das Heer in Soġdāq ein (S. 139) und „das Banner des Sultanates" flattert über den eroberten armenischen Festungen (S. 141, s.a. S. 84). Danach wird man auch an den Stellen, wo nur vom Banner die Rede ist, wie bei der Eroberung von Ǧinǧīn (S. 72), Erzerum (S. 173), Ḥarrān (S. 191) und Sumaisāṭ (S. 206, s.a. S. 81, 189), sultanisch ergänzen dürfen. Anders steht es bei der Einholung einer Brautsänfte. Der Beauftragte des Sultans, Malik Faḫruddīn Behrāmšāh, zieht „mit Feldzeichen, Banner und Trommeln" der aus Erzincan kommenden Gesandtschaft entgegen. Als die beiden Züge sich begegnen, fällt der Blick der Gesandten „auf die Standarte des Fürsten" (S. 80). Hier sind offenbar Banner und Standarte gleichgesetzt und nicht sultanisch.

Im Gegensatz zu Standarte wird der Begriff Banner häufiger im übertragenen Sinne verwendet, so, wenn vom „Banner der Zustimmung" (S. 18), vom „Banner des Frohsinns" (S. 65), vom „Banner des Islam" (S. 99) oder vom „Banner der Sonne" (S. 151, s.a. S. 170) die Rede ist. Auch „Banner des Sieges" (S. 126) und „Banner der Macht des Sultans" (S. 104) kommen vor. Einzelheiten erfahren wir kaum. „Der Fahnenträger des siegreichen Heeres erhebt das Banner" (S. 134). An einer Stelle ist von den „Bändern der Banner" (S. 96), an einer anderen vom „Knauf des seltschukischen Banners" (S. 297) die Rede.

Zu Standarte und Banner treten als drittes die *Feldzeichen*. Bei der Eroberung Ankaras zieht der Emir Saifuddīn „an der Spitze der Truppen in voller Rüstung mit dem Banner und den Feldzeichen des Pādišāh der Zeit in die Stadt und pflanzte sie unter grösstem Gepränge auf dem Turm der Burg auf" (S. 61). Dem Gesandten aus Erzincan zieht der Malik Faḫruddīn Behrāmšāh „mit Feldzeichen, Banner und Trommeln" entgegen (S. 80). Mit „Trommel, Feldzeichen, Trompete und Baldachin" reitet ʿAlāʾuddīn Kaiqobād zum Turnierplatz bei Kayseri (S. 120). Häufiger werden „die Feldzeichen des Sultanates" erwähnt (S. 65, 84, 167, 189). Sie werden auch die „siegreichen" (S. 157) oder die „welterobernden" (S. 135) genannt. An anderen Stellen ist von den „Feldzeichen der Herrschaft des Sultans" (S. 126) oder den „Feldzeichen der Truppen des Sultans" (S. 132) die Rede. „Die

Feldzeichen erheben" (S. 168) oder „die Feldzeichen in Marsch setzen" (S. 188) heisst, das Heer aufbrechen lassen. Bei einer Belagerung werden die „Feldzeichen auf den Berggipfeln aufgestellt" (S. 140). Von den „Bändern der Feldzeichen" (S. 134) oder den „Fahnenbändern der Feldzeichen des Sultans" (S. 189) wird gesprochen, auch von den „Knäufen der Feldzeichen" und den „Löwen der Feldzeichen" (S. 171), wobei allerdings nicht klar wird, ob damit, wie beim Adler des Baldachins, figürliche Aufsätze gemeint sind. Der Satz „die Löwen der Feldzeichen begannen zu zittern" (S. 171) kann auch bildlich gemeint sein. Bei einer Flucht eilt man „sofort zu den Feldzeichen, löste von ihnen die Knäufe und Wimpel und Fransen und band sie an die Sattelgurte" (S. 172). Allerdings sind die Fliehenden Ḫvārezmier. Bei einer anderen Flucht werden die Feldzeichen zu Boden gesenkt, um unbemerkt zu entkommen (S. 228). In übertragenem Sinn wird der Begriff Feldzeichen nur selten gebraucht, etwa als „Feldzeichen des Frohmuts" (S. 134) oder „Feldzeichen des Frohsinns" (S. 203), auch von den „gelben Feldzeichen der Sonne" ist einmal (S. 106) die Rede. Immer erscheint der Begriff Feldzeichen im Unterschied zu Standarte und Banner im Plural. Beim Aufbruch eines Heeres wurde „in der Luft durch die Farben der Feldzeichen ein ganzer Rosengarten sichtbar" (S. 140). Bei der Belagerung von Kalonoros, dem späterem 'Alā'īja, ist von den gelben Feldzeichen der Seltschuken die Rede (S. 100). Sie hatten also verschiedene Farben, waren mit Bändern, Wimpeln und Fransen geschmückt und hatten Knäufe, vielleicht sogar Knäufe mit figürlichen Bekrönungen. Sie kommen zusammen mit Standarte und Banner vor, werden aber nicht wie diese – die einzige Stelle bei der Einnahme von Ankara (s.o.) ist nicht eindeutig – als Siegeszeichen bei der Eroberung von Städten und Festungen verwendet. Sultanische Abzeichen sind sie, so oft sie auch so genannt werden, offenbar nur in übertragenem Sinne, insofern, als der Sultan als oberster Kriegsherr Herr aller Feldzeichen ist, die im einzelnen bestimmten Würdenträgern, Heerführern oder Truppenteilen gehören. Beim Empfang des Malik Ašraf heisst es: „Es steht zu hoffen, dass sein nutzvolles Kommen und die Segnungen seiner Feldzeichen die Pracht unseres Palastes vermehren werden (S. 165). Die bei der Flucht gesenkten Feldzeichen (S. 228) gehören einem Truppenführer und bei einem Aufruhr in Kayseri zog „Šaraf mit den Feldzeichen und den Truppen, die er besass, in die Mašhad-Ebene" (S. 299). Bis zu einem gewissen Grade gehört auch der *Steigbügel* zu den Hoheitszeichen, was sich wohl daraus ergibt, dass es üblich war, bei Einzügen den berittenen Sultan zu Fuss zu begleiten. „. . . .schritt, die Zügel des Sultans in der Hand, am erlauchten Steigbügel", (S. 25). „. . . im Dienste des grossherrlichen Steigbügels zu Fuss mitgehen", ist ein häufig wiederkehrender Passus (S. 38, 46, 48, 67, 95, 96, 166, 174). Einmal wird das Amt eines Steigbügelhalters erwähnt. Das führt zu Übertragungen. Vom „Steigbügel, dem die Erde gehorcht" (S. 40), ist die Rede oder von dem „die Erde beruhigenden Steigbügel" (S. 94). So kann auch der Steigbügel für den Sultan eintreten. „. . . dass die grossherrlichen Steigbügel sich an jenen Ort begeben möchten" (S. 168). „Die grossherrlichen Steigbügel hatten sich in Bewegung gesetzt" (S. 169) oder „Alles, was mir gehört, habe ich vor dem Steigbügel des Herrschers ausgestreut" (S. 26). Bei der Thronbesteigung ʿAlāʾuddīns Kaiqobād küsst der Amīr-i-Mağlis den „Boden und Steigbügel" (S. 95) und der Sultan selber „küsste zur Huldigung demütig die Steigbügel des Handpferdes", das ihm der Kalif geschenkt hatte (S. 113). Gelegentlich treten auch Sattelgurt (S. 97) oder Schabrackenband (S. 246) in ähnlicher Funktion auf. Sich die Satteldecke oder die Schabracke des Sultans auf die Schulter zu legen, ist ein Zeichen besonderer Devotion (S. 67, 166, 172 übertragen auch S. 222).

An dieser Stelle ein Wort zum *Handpferd*, einem gezäumten, unberittenen Pferd, das man im Kampf (S. 73), beim Marsch (S. 114), bei Empfängen (S. 159) und Aufmärschen (S. 135) mit sich führt. Handpferde waren beliebte Geschenke, mit goldenen Hufeisen beschlagen (S. 103) oder mit juwelenbesetztem Harnisch (S. 112) versehen. Die Ḫvārezmier „legten, in die Ehrenkleider des Sultans gehüllt, die Stirn auf die Erde und küssten die Hufe der Handpferde", die ihnen der Sultan als Geschenk geschickt hatte (S. 211). Dasselbe tut der Sultan mit dem goldbeschlagenen Handpferd, das ihm der Kalif geschickt hatte (S. 103).

Auch *Musikinstrumente*, in erster Linie Pauken und Trommeln, gehören entfernt in den Bereich der Hoheitszeichen. Sie dienen nicht nur als Signale zu Aufbruch (S. 66) und Angriff (S. 133, 171, 227) oder werden aus Freude gerührt (S. 54). „Mit Baldachin und Pauken" (S. 112) wird die Gesandtschaft des Kalifen empfangen, „mit Feldzeichen, Banner und Trommel" zieht der Vertreter des Sultans zur Einholung der Brautsänfte aus (S. 80), „mit Trommeln, Feldzeichen, Trompeten und Baldachin" (S. 120) reitet ʿAlāʾuddīn Kaiqobād zum Turnierplatz bei Kayseri und „Fahne und Trommel" fallen bei der Niederlage des Muẓaffaruddīn seinen Feinden in die Hände (S. 218).

III. *Waffen*

Waffen werden natürlich häufig erwähnt, aber nur vereinzelt ergeben sich Details von Interesse. Das Schwert wird nur einmal in der Wendung „Schwert und Siegelring der königlichen Würde des Sultanates" (S. 101) als Hoheitszeichen gebraucht. Goldene Schwerter kommen als Rangabzeichen vor (S. 235, 237, 251), durften aber offenbar nicht bei Privataudienzen getragen werden (S. 208). Säbel werden seltener genannt (z.B. S. 63, 64, 134). Lanzen gehören zur Bewaffnung bei Turnier und Kampf. Am reichhaltigsten sind die Angaben bei der Keule (auch Streitkeule, Schlachtkeule, Streitkolben), die ebenfalls beim Turnier und im Kampf dient. Mit einer „Ochsenkopfkeule" (S. 29) beendet Ġijāṯuddīn am Hof von Istanbul sein Duell mit dem Franken. Mit einer „stählernen Keule" pariert der Vezir Ğalāluddīn Qaraṭaj im Turnier mit dem Sultan ʿAlāʾuddīn Kaiqobād (S. 197). Sultan Ruknuddīn Qylyğ Arslān besass eine Schlachtkeule im Gewicht von 9 Mann (S. 285). „Faḫruddīn ʿAlī Šarafulmulk Ḫvārezmī hatte zwar das Amt des

Vezirates inne, stand aber an Empfangstagen auf dem Platze der Kämmerer und übernahm, den Streitkolben auf der Schulter, Frage und Antwort gegenüber den Sendboten" (S. 162). Eine Streitaxt wird nur einmal (S. 272) genannt, Speere dagegen häufig, ebenso Bogen und Pfeil, von denen einmal gesagt wird, dass sie – die Pfeile – aus Weisspappelholz sind (S. 177). Köcher und Bogenfutterale sind unter den Geschenken des Mongolen Ḫān's (S. 237). Eine Armbrust kommt einmal als Jagdwaffe vor (S. 68), im Kampf benutzen sie die Soġdier (S. 137), bei denen auch Schilde genannt werden, die sonst nur einmal bei einem Turnier (S. 29) vorkommen. Ein „georgischer Schild" dient als Transportmittel für einen Marschunfähigen (S. 189). Harnisch und Rüstung, auch Panzerhemd kommen bei Kriegern und Pferden vor. Beim Kampf gegen die Syrer legt der Sultan selber Rüstung an (S. 185). Beim Empfang der Gesandten des Malik der Rūs wird befohlen „Tor und Vorhof mit in Reihen stehenden, waffenumgürteten, auserlesenen Jünglingen prächtig zu schmücken, die Handpferde mit Halfter und Zügel neben das Zelt aufzustellen und die übrigen Truppen, Abteilung für Abteilung, vom Scheitel des Hauptes bis zum Hufe des Pferdes in vergoldetes Erz getaucht, die Speere geschultert, überall antreten zu lassen" (S. 135). Dolche kommen kaum vor (S. 39, 289), die Fangleine nur in übertragener Bedeutung (S. 105, 217) „aussergewöhnliche Waffen" waren in den Kiosken zur Schau gestellt, die beim Einzug ʿAlāʾuddīn Kaiqobāds in Konya errichtet wurden (S. 96).

Etwas ergiebiger sind die Angaben zu den *schweren Waffen*, von denen Ibn Bībī berichtet. Bei den Kriegen handelt es sich zu verhältnismässig grossem Prozentsatz um die Eroberung fester Städte oder Festungen. Die „Bereitstellung der Belagerungsmaschinen und der Geräte aus dem Zeughause" (von Konya beim Aufbruch nach Ankara) (S. 59) steht am Anfang vieler Feldzüge (s.a. S. 83, 124, 176). Wurfmaschinen werden bei der Eroberung von Antalya (S. 45) und Tarsus (S. 238) eingesetzt. Vor ʿAlāʾīja sind es 100 (S. 106), bei Kāḫta werden nur drei erwähnt (S. 122), bei Harput sind es 18 (S. 188). Vor Majjāfāriqīn (S. 220) und Erzerum (S. 223) werden „Wurfmaschinen und Ballisten" genannt. Drei Wurfmaschinen richten die Mongolen unter Bāiğū vor Kayseri „auf den Turm des Sivastores, auf dessen Festigkeit alle vertrauten. Die Gefangenen und die Kornsackträger zwang man zum Ziehen der Wurfmaschinen. Fünfzehn Tage dauerte die ununterbrochene Beschiessung. Ungeheure Breschen wurden an dem Turm sichtbar" (S. 230). Von dem „Kreischen der Winden der Wurfmaschinen" wird bei der Belagerung von Ğinğīn gesprochen (S. 72). Die Geschosse sind aus Stein (S. 105/6, 188, 190). Vor Āmid werden „runde Eisengeschosse (im Gewicht) von einem Mann, drei Mann und fünf Mann" (S. 192) eingesetzt, die von Kamelen gebracht werden.

Anschaulich ist der Bericht über die zweite Eroberung von Antalya im Jahre 1214. S. 62 heisst es: „Am nächsten Tage, als die schweren Waffen, die Belagerungsmaschinen und die Fusstruppen eingetroffen waren, befahl der Sultan, dass man noch zu selbiger Nacht Faschinen flechte, Leitern anfertige und die Wurfmaschinen in Tätigkeit setze . . . als sich die Sache in die Länge zog, (befahl der Sultan schliesslich) derart breite Leitern herzustellen, dass daran zehn Fusssoldaten auf einmal hinaufsteigen könnten". Mineure ermöglichen die Eroberung der Festung Čemiškezāk (S. 125). Bei der Belagerung von Soġdāq machen die Soġdier einen Ausfall „mit Naphta, Armbrust, Pfeil und Steinen" (S. 137). Die Zusammenstellung der Waffen ist eigenartig, besonders die Verwendung des Naphta's unklar. Dieser „Kampfstoff" tritt noch einmal auf bei der Belagerung von Āmid. Ein Verräter in der an sich uneinnehmbaren Stadt, rät den Belagerern, an das eiserne Tor der Vormauer Feuer zu legen. „Am nächsten Tag schleppten die Krieger Bündel von Weinstockzweigen an das Tor heran. Wie sehr man dies auch durch einen Hagel von Wurfgeschossen und Pfeilen von oben zu verhindern suchte, es nützte nichts. Als dann das Tor ganz vollgestopft war, liessen die geschickten Naphtawerfer den Rauch der Zweige bis in die himmlischen Sphären gelangen. Das Tor brannte aus und die Eisenplatten schmolzen herab" (S. 215). Ähnlich, aber primitiver, nämlich „mit Schilfrohr und Brennholz (S. 311), wird beim Qaramanen-Aufstand das Čāšnīgīrtor von Konya niedergebrannt. „Als das Stadttor niedergebrannt war, strömten die Türkmenen in die Stadt hinein, . . . verbreiteten sich wie ein niedergegangener Heuschreckenschwarm überall in der Stadt und zertrümmerten mit eisernen Keulen und Knütteln die Tore der Karawanseraje, die die Lagerhäuser der Kaufleute waren, sowie die Türen der Paläste und Häuser der Emire" (S. 311/12). Als sich die Qaramanen von neuem Konya nähern, „brachen sie (die Besatzung der Stadt) die Brücken an den Toren ab, verbarrikadierten die Tore von innen, brachten die Wurfmaschinen in Stellung, richteten die Türme, Kurtinen und Zinnen, die Bāiğū Nojan hatte zerstören lassen, wieder her und waren so für eine Belagerung gerüstet" (S. 316).

Ein wichtiger Faktor bei Belagerungen war die „verbrannte Erde". Ġijāṯuddīn Kaiḫosrau gab 1206 vor Konya den Befehl, „sämtliche Gärten mit dem Beil der Zerstörung und der Hacke des Schadens niederzuhauen und die Schlösser und Häuser, die nahe und fern von der Stadt lagen, zu zerstören und Feuer hineinzulegen" (S. 40). Zur Vorbereitung der Belagerung von Sinop soll das Heer zunächst „einen Kriegszug gegen dieses Gebiet unternehmen, die Familienangehörigen der Leute dort als Sklaven abführen, Feld und Flur insgesamt verwüsten und einige Jahre mit ihnen auf diese Art verfahren" (S. 65). Vor Tell Bāšir lässt der Sultan „die Bäume und Rebstöcke in der Umgebung der Burg mit der Axt der Rache entwurzeln" (S. 84). Ähnlich wie bei Sinop wird für die Belagerung von Āmid ein auf drei Jahre berechneter Plan entworfen „und zwar in der Weise, dass man im ersten Jahre ihre Ernte mit Feuer vernichtet, das Herdenvieh wegtreibt und die Bauern und Grossgrundbesitzer gefangennimmt und verelenden lässt, und während eines zweiten Jahres es verhindert, dass ihnen Nachschub an Nahrungsmitteln zukommt." (S. 191/2). Vor Kayseri machen die Mongolen „mit Plünderung, Brandschatzung, Totschlag und Ertränken reinen Tisch mit allem, was sie ausserhalb der Stadt vorfanden" (S. 230). Bei der Belagerung werden die Bäume und Saatfelder niedergebrannt (S. 238). Nach der erfolglosen Belagerung Konyas „plünderten die Qaramanen alles, was ausserhalb lag, brannten alles nieder, zerstörten alles, und schlugen dann den Weg nach Armenien ein" (S. 316).

IV. *Baukunst*

Das Leben eines rumseltschukischen Sultans spielte sich zu grossen Teilen im Zelt ab. So ist vom „grossherrlichen Zelt" an vielen Stellen die Rede (S. 62, 87, 168, 198, 229). „Hofzelt" (S. 166, 168), „Audienzzelt" (S. 88, 162, 227), beziehen sich an den betreffenden Stellen auf das Zelt des Sultans; „Feldherrnzelt" (S. 135) auf das des Heerführers. „Ehrenzelte" (S. 135) waren für Gäste bestimmt. Ein „Trinkzelt" und ein „Prunkzelt" (S. 162) treten wieder in Verbindung mit dem Sultan auf. Über den Aufbau und die Einrichtung erfahren wir nicht viel. Von „Zeltpfosten" und Zeltpflöcken" ist nur in übertragenem Sinne die Rede (S. 108). „Zeltstöcke" werden einmal genannt (S. 140). Etwas eingehender ist die Beschreibung beim Besuch, den Malik ʿAlāʾuddīn in Kayseri macht, „wo man das aus Atlas mit seidenen Zeltleinen bestehende Zelt des Malik, das er aus Erzincan mitgebracht hatte, errichtet hatte" (S. 145). „Zeltleinen" werden auch in anderem Zusammenhang genannt (S. 207). Vom Sultanszelt heisst es einmal, es sei „dreimastig" (S. 198). Am ausführlichsten wird das Zelt beschrieben, dass man dem Malik Ašraf, bei seinem Besuch in Sivas errichtet (S. 165). „Der Sultan befahl, dass man als Quartier für Malik Ašraf am Rande des Baches auf einer Wiese einen Palast, hoch wie einen Berg, errichten sollte, über dessen Wachtturm der Himmel in Staunen geraten musste, und dass man ein Schatzhaus, ein Teppichhaus, ein Geschirrhaus, ein Weinhaus und eine Küche mit einem unermesslichen Schatz an goldenem Gerät, mit eines Herrschers würdigem Hausrat ausstatten sollte . . . Als sie an die Wiese gekommen waren, befahl der Sultan, dass sich die Staatswürdenträger mit dem Malik zu dem Zelt begeben und des Dienstes bei ihm gewärtig, dort absteigen sollten. Der Malik trat in das Zelt ein. Man hatte derartig viel Köstlichkeiten aufgetragen, dass das Auge der Begierde ermüdete. Als er dann von der Tafel aufstand und sich in das Schlafgemach begab, sah er an sultanischem Gerät chosroische Ruhelager, Schüsseln, goldene Wassergefässe, reichverzierte Kohlenbecken, ein Reisebad und sonnengesichtige Burschen mit nach Moschus duftendem Haar . . . Danach wandelte er in den allgemeinen Empfangsraum . . ." (S. 164/65). Das Zelt hatte also einen privaten und einen öffentlichen Raum, der für Gelage (und Audienzen) diente. Dieser war, jedenfalls im Sultanszelt, gross; denn ʿAlāʾuddīn Kaiqobād befahl „sämtliche Gesandten, die in Kayseri anwesend waren, zum grossköniglichen Festgelage" (S. 198). Sultan Ruknuddīn wird im Zelt „wegen der Menschenmenge und Hitze" von einem Unwohlsein befallen (S. 289). Ob das Zelt einen Vorraum hatte, wie er beim Palast üblich gewesen zu sein scheint, (s.u.) geht aus der einen Stelle, wo ein solcher erwähnt wird (S. 172), nicht klar hervor, S. 107 scheint es der Fall zu sein. Es dürfte sich eher um den öffentlichen Raum handeln. Dass sich der Malik al-Umarāʾ mit den Heerführern „vor dem Zelte" niederlässt (S. 138), spricht jedenfalls gegen das Vorhandensein eines Vorraumes. An anderen Stellen ist nur von der „Tür des Zeltes" die Rede (S. 136, 206), die von einem „Türvorhang" verschlossen wurde (S. 290).

Zwischen Zelt und *Palast* müssen Beziehungen bestehen, da sie ja zum Teil den gleichen Zwecken dienten, wobei natürlich die Raumanordnung im Palast reicher und komplizierter gewesen sein wird als im Zelt. Sultanspaläste waren in Konya, Kayseri, Antalya, ʿAlāʾīja, Aksaray, vielleicht auch in Erzincan (S. 79). Auch Niksar, Tokat, Elbistan, Erzerum, Sivas, Malatya (S. 207), Niğde, Amasya, Ereğli, Burğlu und Ankara (s.o.), die Sultan Qylyǧ Arslān 1192 seinen 12 Söhnen vermacht, müssen entsprechende Bauten besessen haben. Daneben gab es die ausserhalb der Städte liegenden Schlösser von Qobādābād am Westufer des Beyşehir Sees, Kaiqobādīja und Kaiḫosrawīje bei Kayseri, Fīlūbād bei Konya (s.u.). Ausserdem hatten nicht nur lokale Herrscher, sondern auch hohe Würdenträger eigene Paläste, so der Vezir Saʿduddīn Köpek in Qobādābād (S. 208). Erhalten ist davon nur wenig und die Angaben Ibn Bībī's sind zwar reichlich, aber enthalten zu wenig Details, um ein einigermassen klares Bild zu vermitteln, vor allem gestatten sie nicht, zwischen den einzelnen Typen, die doch wohl Unterschiede gezeigt haben werden, zu unterscheiden. Die folgende Zusammenstellung, bei der sich die Angaben meist auf einen Sultans-Palast beziehen, kann daher nur ein recht allgemeines Bild ergeben. Am klarsten werden die Raumverhältnisse des Palastes in Kayseri beim Schlag Sultan ʿAlāʾuddīn Kaiqobāds gegen die revoltierenden Emire (S. 118/119). „Der Sultan vereinbarte ... dass an dem ... Tage, da die Emire dem Brauche nach in das Schloss kommen würden, Komnīnōs mit seinen bewaffneten Leuten heimlich oben auf der Gartenmauer des Sultansschlosses patrouillieren solle, während die Leibtruppen unter Waffen treten und die Wachreserve bilden würden. Die Torhüter sollten nach dem Eintritt der Emire das Tor des Schlosses fest schliessen und keinem Menschenwesen die Möglichkeit zu entweichen geben. Emir Mubārizuddīn Ǧāndār und seine Brüder sollten an der Tür des Raumes, worin das Gelage stattfinden würde, voll bewaffnet und gerüstet mutig bereitstehen. Jeden der Emire, der am Rande der Trunkenheit nach Hause strebe, sollten sie ... in festes Gewahrsam tun ..." Nachdem alle vier Emire auf diese Weise gefangen genommen sind, werden auch „die Burschen der Emire, die in der Vorhalle gesessen hatten, in das Gefängnis" geschafft. Dieser lebendigen, wenn auch natürlich topographisch nicht klaren Schilderung ist Folgendes zu entnehmen: Der Palast des Sultans ʿAlāʾuddīn in Kayseri liegt in einem Garten, der von einer Mauer umgeben ist, die so breit ist, dass auf ihr Wachen patrouillieren können. Es hat (nur?) ein Tor, das verschliessbar ist und von Torhütern bewacht wird. Im Innern des Schlosses gibt es einen (grösseren) Raum, in dem das Gelage statt-

findet. Auch er ist durch eine Tür (oder einen Vorhang?) abgeschlossen. Ausserdem gibt es eine Anzahl kleinerer Nebenräume, denn die vier Emire, um deren Leben es geht und die einzeln das Gelage verlassen, werden – offenbar getrennt – im Palast gefangengesetzt, endlich eine Vorhalle, in der die Dienerschaft der Emire wartet und überwältigt wird.
Hauptraum (Thron-, Audienz-, Gelageraum) und Nebenräume gibt es – mutatis mutandis – auch im Zelt. Dort unbekannt (?) ist der Vorraum oder auch Vorhalle, die beim Palast eine feststehende Einrichtung gewesen zu sein scheint (Anm. 26, S. 95, 174, 209, 251, 293, 301). Bei der Thronbesteigung ʿAlāʾuddīn Kaiqobāds in Kayseri heisst es: „Als der Sultan auf dem Throne Platz genommen hatte und die Heerführer und Leibwachen an ihren entsprechenden Plätzen dastanden, begab sich Saifuddīn vom Sultan in den Vorraum und sagte: „Den Imāmen und Grossen sei kundgemacht, dass der Sultan ʿIzzuddīn Kaikāūs in den Ozean der Barmherzigkeit Gottes getaucht ist . . . Sein Bruder, der gewaltige Sultan ʿAlāʾuddīn Kaiqobād hat die Welt mit seinem Glückseligkeit spendenden Glanz geziert und dem Thronsessel des Landes den Rang des erhabenen Thrones gespendet. Darauf hob man den Vorhang auf und alle Imāme und Würdenträger traten ein und küssten den Boden der Ergebenheit" (S. 95). Im gleichen Palast empfängt der Sultan einige Jahre später den Gesandten des Kalifen. „Während nun die grossen Emire zur Rechten und Linken in Reih und Glied aufgestellt waren, begab sich der Imām Muḥjiddīn . . . in den Palast des Sultans. Ǧalāl Qaiṣar Pervāne und Ẓahīruddīn Manṣūr . . . ergriffen mit Ehrerbietung die rechte und linke Hand des Gesandten und liessen ihn am Fuss des Thrones auf dem Sitz, den sie bereitet hatten, niedersitzen. Die Geschenkbündelträger der Kalifatshauptstadt legten die Geschenkbündel an den Rand der Estrade. Man führte das mit juwelenbesetztem Harnisch versehene Handpferd auf die Estrade. Diener liessen den schillernden Vorhang, den sie auf Geheiss des Sultans aufgezogen hatten, wieder herab. Der Sultan stieg vom Throne herunter und küsste zur Huldigung demütig den Steigbügel des Handpferdes des erlauchten Kalifen und zog das Ehrenkleid des Kalifen an. (Der Sultan setzte auch den schwarzen Turban auf). Muḥjiddīn ergriff die Hand des Sultans und führte ihn wieder zum Thron. Die Diener zogen den Vorhang wieder hoch. Die Emire und Heerführer streuten Goldgeschenke aus. Darauf breiteten sie das Tafeltuch aus . . ." (S. 113). In beiden Fällen hat der Sultan auf dem Thron Platz genommen, ist aber den Blicken durch einen Vorhang verborgen. Dieser wird im ersten Fall aufgezogen, nachdem seine Thronbesteigung verkündet worden ist. Im zweiten Fall wird er aufgezogen, um die Gesandtschaft aus Bagdad zuzulassen, dann aber wieder heruntergelassen. Die folgende Zeremonie findet unter Ausschluss der Öffentlichkeit statt. Erst dann wird der Vorhang von neuem geöffnet und das Gelage beginnt. In diesen beiden Fällen könnte mit „Vorraum" auch der vordere Teil des Thronsaals gemeint sein; denn man wird annehmen müssen, dass der von einem Vorhang verborgene Thron an der Rückwand stand. An allen anderen

Stellen, wo von einem Vorraum oder einer Vorhalle die Rede ist (s.o.), wobei aber kein Vorhang erwähnt wird, hat man den Eindruck, dass es sich um einen gesonderten Eingangsraum handelt, so z.B. S. 253/4. „Als dann die Gesandten eingetroffen waren und die Befehlsschreiben über Festnahme und Tötung des Ṣāḥib überbracht hatten, lud man den Ṣāḥib in das Schloss des Sultanates. Er lehnte vorerst ab, bestieg aber schliesslich der Not gehorchend das Reittier. Als er zum Tore des Palastes kam, befahl er, die Kette, die man dort, um Reiter zurückzuhalten, gespannt hatte, wegzutun. Sie lehnten dies ab. Da passierte er das Tor mit gekrümmtem Rücken. Als er im Vorraum angekommen war, veranlasste ihn Saifuddīn Qajabe, in ein Zimmer, das sich zur Linken befand, einzutreten... Noch in derselben Nacht schafften sie den Ṣāḥib in das Gelass des Magazinverwalters in der Burg" (wo er nach dreitägiger Folterung enthauptet wird.)

Über die Nebenräume des Palastes erfahren wir naturgemäss kaum etwas. Ob Schlafgemach (S. 80), Ruhegemach (S. 251) und Privatgemach (S. 34, 98, 113, 172, 174, 195, 288) identisch sind, bleibt offen, ebenso was mit dem „Wintergemach", das S. 243 erwähnt wird, genauer gemeint ist. Sicher ist nur, dass mit dem Privatgemach nicht der Harem, der mehrfach, aber immer ohne nähere Beschreibung genannt wird, gemeint sein kann, da der Sultan hier Besucher empfängt. (S. 34, 98, 113, 172, 174, 195, 208, 288).

Nebenräume anderer Bestimmung kommen häufig vor. Schon bei dem Zelt, das für den Malik Ašraf errichtet wird (S. 164), ist von einem Schatzhaus, Teppichhaus, Geschirrhaus, Weinhaus und einer Küche die Rede (s.o.). Schatzkammer, Zeughaus, Marstall, Kleiderkammer, Geschirr- und Gerätekammer, Vorratshäuser und Dienerhäuser werden genannt, liegen aber wohl ausserhalb des Palastes. Nur der Weinkeller, in den sich der Vezier Saʿduddīn Köpek flüchtet, nachdem man ihn im Vorraum des Bankettsaals in Qobādābād niedergeschlagen hat (S. 209), muss im Palast gelegen haben. Eine „Moschee des Sultansschlosses" wird S. 201 erwähnt.

Einzelheiten erfahren wir nur hin und wieder. Im Hof des Sultanspalastes in Kayseri stand ein Wasserbecken (S. 78). Er ist von einer Gartenmauer umgeben (S. 118). Das Tor des Palastes von Konya war durch eine Kette für Reiter gesperrt (S. 253). Im Palast von Qobādābād werden „gewölbte Kuppeln und herzerfreuende Aussichtspunkte" genannt. Er war „ständig von einem wohltuenden Luftzug durchweht... ausgemalt und mit Schriftbändern versehen" (S. 148). Sein Bauherr, Sultan ʿAlāʾuddīn Kaiqobād, suchte ihn gern auf seinen Zügen zum Winterquartier in Antalya und ʿAlāʾīja auf (S. 149, 153, 332 Anm. 122, 333 Anm. 130). Sein Baumeister, der Vezier Saʿduddīn Köpek wird dort ermordet (S. 208/9). Beim Bābāʾī Aufstand des Jahres 1241 suchte Sultan Ġijāṯuddīn „auf der Insel von Qobādābād Zuflucht." Später wird das Schloss nicht mehr genannt. Ein Bau ʿAlāʾuddīn Kaiqobād's ist auch das bei Kayseri gelegene Schloss Kaiqobādīja oder auch Qobādīja (S. 131, S. 145, s.a. S. 153 und Anm. 104), in dem er 1237 stirbt (S. 198). Das ebenfalls bei Kayseri gelegene Sommerhaus Kaiḫosrawīje, das nur einmal genannt wird (S. 269), könnte seinem Namen nach ein Bau des Sultans Ġijāṯuddīn sein. Ein Jagdhaus in der Umgebung von ʿAlāʾija wird S. 121 erwähnt.

Sakralbauten werden seltener erwähnt als Profanbauten. Beim Tode des Sultans Ġijāṯuddīn Kaiḫosrau heisst es (S. 89/90): „Schliesslich fand er aber doch nicht Genesung und dichtete aus der Tiefe seiner nunmehr ausgeglichenen Seele heraus diesen Vierzeiler: Wir haben die Welt fahren lassen und sind dahingegangen. Wir haben in die Herzen Schmerz gesät und sind dahingegangen. Hierauf kommt ihr an die Reihe, denn wir sind nun an die Reihe gekommen und dahingegangen. Darauf befahl er, den Vierzeiler an dem Mausoleum, das man im Krankenhaus von Sivas in Befolg seines Befehles in seiner Regierungszeit errichtet hatte, einzuhauen und einzugravieren. ... nachdem Sultan ʿAlāʾuddīn den Thron des Landes bestiegen hatte, übergab man ihn in der Gruft des Krankenhauses von Sivas der ewigen Ruhe." Als Sultan Ġijāṯuddīn Kaiḫosrau im Kampf gegen Laskaris gefallen ist, „verlieh man ihm, obgleich er ja den Rang des Märtyrertums erlangt hatte, mit Moschus- und Rosenwasser Wohlgeruch und legte ihn vorerst in eine der Grabstätten der Muslime. Nachdem dann die Kümmernisse des Krieges aufgehört hatten, brachte man ihn nach Konya und bestattete ihn im Mausoleum seiner Väter und Grossväter zur ewigen Ruhe" (S. 50). „Als man den Leichnam des Sultans nach Konya gebracht und an der Seite von Grossvater, Vater und Bruder beigesetzt hatte, besuchte der Sultan (ʿIzzuddīn Kaikaus) feierlich die Grabstätten der verstorbenen Sultane und fügte dem, was der König von Rūm geschickt hatte, noch 30.000 Dinare hinzu" (S. 58). Beim Tode ʿAlāʾuddīn Kaiqobād's heisst es „... und nach zwei Tagen brachten sie seinen hehren Leib nach Konya und setzten ihn an der Seite seiner Väter und Vorväter bei." (S. 199). Als der Mongole Bāiǧū die Stadtmauern von Konya schleifen lässt, verschont er die Mauern der Zitadelle „da sie die Gräber der früheren Sultane umschlossen" (S. 275). Sie stehen auch noch beim Qaramanen-Aufstand, wo sich der Ǧimrī „aus der Türbe der Sultane den Baldachin und die Standarte des Sultan ʿAlāʾuddīn's" geben lässt. Als ʿIzzuddīn Kaikāūs 1280 in der Verbannung im Sterben liegt, beauftragt er seinen Sohn „Sobald mein Leib der Seele ledig geworden und dir die Überfahrt in das ererbte Reich gelungen ist, bring meine Gebeine in jenes Reich und begrabe sie neben meinem Vater und Grossvater" (S. 323). Moscheen werden gelegentlich erwähnt, aber nie ein bestimmter Bau. Nach der Eroberung von Antalya werden „Kanzeln und Gebetsnischen eingerichtet" (S. 46), nach der von Sinop gestaltete man „die Kirchen in Freitagsmoscheen" um (S. 68). Von einer Zwangskonversion wird nur nach dem Siege über die Soġdier berichtet, mit denen der Friede geschlossen wird „unter der Bedingung, dass an die Stelle von Götzenbild und Schlagholz Ritus und Würde der Gebetsnische, der Kanzel, des religiösen Gesetzes und des Propheten ... treten. Das gesamte Heer setzte sich in vollem, glänzendem

Schmuck in Marsch. Eine Kanzel, mit kostbaren Behängen wie der Frühling geschmückt, wurde mitgeführt. Den heiligen Koran auf goldenem Teller legte sich der Malik al-Umarā' auf das Haupt und nahm das Banner des Sultans in die Hand. So zogen sie in vollkommener Herrlichkeit in die Stadt ein. Von einer erhöhten Stelle liess dann der Mu'eḏḏin den Gebetsruf erschallen. Das Schlagholz des Gesetzes der Jesusanhänger wurde aber in kleine Stücke zerbrochen. In weniger als zwei Wochen errichteten sie eine Moschee, die drei-, vier-, fünfmal in den sechs Richtungen der sieben Klimata an die acht Paradiese und neun Sphären gemahnte. Und man setzte Mu'eḏḏine, Prediger und Kadis ein." (S. 139).

Beim Regierungsantritt 'Alā'uddīn Kaiqobāds schworen die Imāme und Würdenträger in einer Moschee in Kayseri „unter Anweisung durch den Kadi auf den Namen des Sultans" (S. 95). Die „Moschee des Sultansschlosses" wird einmal (S. 201) erwähnt, aber nicht als Betort, sondern als provisorisches Gefängnis. Von einem „hölzernen Kiosk..., den man zum Zwecke des Gebetsrufes auf dem Sultanstor errichtet hatte" ist S. 243 die Rede im Zusammenhang mit einer wenig zu diesem Ort passenden Ausstellung der Köpfe von zwei ermordeten Emiren. (Solche Kioskminare sind auch heute noch bei kleineren Moscheen in Anatolien verbreitet). Hinweise auf das Gebet sind natürlich häufig, meist als Zeitangaben. Über den Ort wird fast nie etwas ausgesagt. Vielfach war es offenbar ein privater Raum z.B. das Zelt (S. 197/8), bei Feldzügen oder bei Turnieren kann es ein Platz unter freiem Himmel (namazgāh) gewesen sein. Eine Moschee als Betplatz wird nur einmal – nach der Eroberung Konyas durch die Qaramanen des Ǧimrī – genannt (S. 313).

Bei der Belagerung von Ankara heisst es (S. 59/60) „Der Sultan ('Izzuddīn Kaikāūs) legte der Stadt gegenüber den Grundstein zu einer Medrese, um dort, falls die Eroberung der Stadt gelingen sollte, fromme Stiftungen zu machen und den Rechtsgelehrten ein sorgloses Leben zu schaffen. Und falls es mit der Eroberung noch etwas dauern würde, sollte das Gebäude dem Hofe als Unterkunft dienen. Als Ankara dann befreit war, stand er treu zu Versprechen und Gelübde und errichtete die frommen Stiftungen. Nachdem aber die Reihe der Sultansherrschaft an 'Alā'uddīn gekommen war, befahl dieser die Zerstörung dessen, was bereits gebaut war und die Annullierung der frommen Stiftungen. Doch sind die Ruinen jener Medrese heute noch (d.h. zur Zeit Ibn Bībī's) vorhanden".

Die gelegentlichen Erwähnungen von Klöstern (S. 58, 109), Ordenshäusern (S. 58) und Einsiedeleien (S. 217, 218) ergeben nichts über deren Aussehen. Die ausführlicheren Angaben über Karavansaray's, Hane und Ribāṭs werden weiter unten behandelt.

Allgemeines über die Baukunst zur Zeit der Rumseltschuken erfahren wir nur an vereinzelten Stellen. „Baumeister" werden genannt (S. 111). Der Vezier Sa'duddīn Köpek ist am Anfang der Regierungszeit 'Alā'uddīn Kaiqobāds Oberst-Baumeister (S. 147). Von diesem Sultan wird berichtet, dass er nicht nur in allen handwerk-

lichen Dingen, sondern auch als Baumeister Erfahrung und Geschick hatte (S. 148). Einem geplanten Bau ging die Bauzeichnung voraus (S. 111), womit sich auch der Sultan selber befasste (S. 148). – Nach Belagerungen wurden die Stadt – oder Festungsmauern ausgebessert. Interessant ist eine Stelle, die vom Wiederaufbau eroberter Burgen in Armenien berichtet (S. 179/80): „... war zum Aufbau der zerstörten Baulichkeiten der Burgen Kalk nötig geworden. In den Gebieten von Ḫōtōrğūr gab es ein nützliches Vorkommen von Kalkstein und Brennholz. Er befahl den Emiren, dass jeder einzelne mehrere grosse Brennöfen errichten und in Gang setzen sollte. In zwei, drei Tagen hatten sie so in tausend Brennöfen Kalk gebrannt und schafften es mit Kamelen und Maultieren an die Orte, an denen es nötig war." Nach der Eroberung von Kalonoros – ʿAlāʾīja – Alanya wurde „auf jenem Marmorfels eine Festungsmauer" erbaut (S. 109). Über die Erbauung der Stadtmauer von Konya s.o.S. 1. Die äusseren Mauern wurden später auf Befehl Bāiğū's niedergerissen (S. 275), aber nicht so gründlich, dass sie nicht beim Qaramanen-Aufstand in kurzer Zeit wieder instandgesetzt werden konnten (S. 316). Die zur gleichen Zeit wie in Konya gebauten Stadtmauern von Sivas wurden erst von Timur zerstört, wovon Ibn Bībī natürlich nicht berichten kann. Er erzählt dafür die Schleifung der Festung von Divriği durch Ābāqā Ḫān (S. 305/6).
Nur mittelbar in den Bereich der Baukunst gehören die „beweglichen und feststehenden Kioske", die die Bewohner von Kayseri für den Einzug des neuen Sultans ʿAlāʾuddīn Kaiqobād errichten sollten (S. 96). In Konya, wohin er kurz darauf kommt, war der Empfang noch prunkvoller (S. 96). „Das, was in Menschenaltern erworben und durch Jahrhunderte hindurch aufbewahrt worden war, boten sie als Spende beim Kommen des Sultans dar. Sie stellten fünfhundert Kioske – zweihundert bewegliche (wohl wie die auf osmanischen Miniaturen bei Zunftaufmärschen mitgeführten) und dreihundert feste – her, schmückten alle mit aussergewöhnlichen Waffen und reizvollen Jungfrauen und kamen bis zum Halteplatz Obruk zum Empfang entgegen."

V. *Kleinkunst*

Für die Erzeugnisse der *Kleinkunst* und des *Handwerks* sind zwei Stellen aufschlussreich, einmal die, wo von den Fähigkeiten des Sultans ʿAlāʾuddīn Kaiqobād die Rede ist. Dort (S. 101) heisst es: „In allen Künsten wie Bau und Handwerk, Messerschmiederei, Bildhauerei, Malerei und Sattlerei hatte er unendliche Geschicklichkeit und Flinkheit erreicht. Auch Juwelen schätzte er gut ab." Die andere Stelle berichtet von der Mitgift der Tochter des Fürsten von Erzincan (S. 77). „... liess geschickte Handwerker und hervorragende Goldschmiede kommen, liess sie durch drei Monate hindurch Tag und Nacht arbeiten und edelsteingeschmückte Diademe, ambradurchduftete Fussringe, wertvolle Siegelringe und Armbänder, kostbare Gewänder, besetzt mit verschiedenen Juwelen herrichten ..." Bildhauerei wird nur an der ersten Stelle erwähnt. Was Malerei anlangt, so haben wir erfahren, dass das Schloss Qobādābād „ausgemalt und mit Schriftbändern versehen war" (S. 148). Goldene Inschriften mit ihrem Namen durften die Emire an den von ihnen erbauten Türmen der Stadtmauer von Konya anbringen (S. 111). Dagegen ist die Geschichte von dem Maler, den Tāmār, die Königin von Georgien, in das Gebiet von Rūm schickte, um das Bild eines jeden von den Prinzen malen zu lassen (S. 33) kaum historisch. Edelmetallgefässe werden an vielen Stellen genannt, immer ohne nähere Beschreibung. Einmal ist von „verschiedenfarbigen Metalleinlegearbeiten" die Rede (S. 193). Von Geräten werden grosse Servierschüsseln (S. 266), Räuchergefässe (S. 70), Dreifüsse (S. 70), Schreibzeuge (S. 235, 253, 260, 281) erwähnt. Von Spiegeln ist immer nur in übertragenem Sinne die Rede (S. 57, 111, 244, 298). Dass sie aus Metall waren, ergibt sich aus der Verbindung mit Rost, der mit dem Polierstein oder Glättstein entfernt wird. Siegel waren üblich und dienten zum Verschliessen von Häusern (S. 119, 191), Kisten (S. 191, 215), Beuteln (S. 86) und Briefen (S. 64). „Mit Blei versiegelte Kisten" werden in einem Versteck im Sultanspalast in Antalya gefunden. Sie enthalten neben Münzen „verschiedene andere Dinge aus Papier, Aloen-, Eben- und Sandelholz" (S. 274) Reisekorane dienen bei Eiden (S. 94, 181, s.a.S. 200, 215). Ringe, Armbänder, Ohrringe, Halsringe, Fussringe werden z.T. allerdings nur in bildlichem Zusammenhang und immer ohne nähere Angaben, genannt. Gürtel sind oft reich ausgestattet. Aus dem Harem werden Diademe im Wert von 50.000 Dinar (S. 24) und 12.000 Dinar (S. 53) gebracht. Amulette schreibt der Häretiker Baba Isḥāq (S. 217). Ehrenkleider werden an vielen Stellen genannt, wobei gelegentlich (S. 80, 182) solche „höchster, mittlerer und niederer Gattung" unterschieden werden. Über das Material erfahren wir nur wenig. In einem roten, seidedurchwirkten Kleid (S. 48) reitet Sultan Ġijāṯuddīn Kaiḫosrau in die Schlacht gegen den Laskaris, in der er den Tod findet. Wir hören von einem „golddurchwirkten königlichen Mantel", einem „Zelt aus Atlas" und „seidenen Zeltleinen" (S. 145), von „Schabracken aus schwarzem goldgesticktem Atlas", „Ruhebetten aus Brokat und broschiertem Atlas" (S. 69). Weisser Atlas wird vom Sultan als Trauergewand getragen (S. 95), während die Emire „weisse Überzüge über die Kleider" ziehen (Anm. 53). Der Herr von Ālāra hat „das Atlasgewand mit der Mönchskutte vertauscht" (S. 109), während dem Ġimrī, dem falschen Prinzen Ġijāṯuddīn Sijāvuš, „sein Gewand aus grobem Wollstoff in ein solches aus Goldbrokat und broschierter Seide" umgewechselt wird (S. 311). Ob allerdings eine Stelle wie S. 137 „Zur Nacht, als sich der goldgekleidete Sultan auf das Lager tiefschwarzer Seide begab" wörtlich zu verstehen ist, erscheint fraglich. „Russisches Leinen" ist unter den Geschenken des Malik der Rūs genannt (S. 135).

Das Wort Teppich kommt zwar verschiedentlich vor, meist aber in übertragener Bedeutung, wie „Teppich der Gerechtigkeit" (S. 44), „roter Teppich aus Blut" (S. 45), „Teppich der Gnade" (S. 58), „Teppichausbreiter der Natur" (S. 64), was man vielleicht als einen Hinweis deuten könnte, dass Teppiche ein wohlbekannter Gebrauchsgegenstand waren. Etwas präziser ist S. 172, wo es heisst „er legte das Haupt auf den Gebetsteppich des Dankes" oder wenn sich S. 211 Leute, die sich im Unrecht fühlen, weigern, „den Fuss auf den Teppich jenes Palastes" zu setzen. Einmal (S. 173) ist von dem „Teppichbelag, den man zu Füssen des Thrones vorgerichtet hatte" die Rede und bei einem Prunkzelt für einen hohen Gast wird ein „Teppichhaus" erwähnt (S. 165).

An verschiedenen Stellen wird eine *Brautsänfte* erwähnt (S. 79, 80, 127 ff., 210, 297, 300), aber nur einmal findet sich eine Beschreibung, als (S. 129) „die Emire und Heerführer aus Syrien als Brautsänfte sieben Pavillons aus Gold und Silber errichten, sie mit verschiedenen Juwelen schmücken und auf dem Rücken von Maultieren befestigen" lassen. Die Einholung der Brautsänfte war ein feierlicher Akt. „Die Damen der Emire, die zugegen waren, begaben sich dann zum Empfang der Brautsänfte aus der Stadt hinaus. Als eine Nachtwache von der Nacht verstrichen war, zogen sämtliche Ehrendamen beider Seiten im Dienste an der erlauchten Brautsänfte in die Stadt ein, begaben sich in das grossherrliche Schlafgemach und liessen die Fürstin auf dem Brautthron der Gnade und Glückseligkeit niedersitzen. Der erlauchte König begab sich nun in das Schlafgemach der Braut. Die venuswangigen Ehrendamen begaben sich hinter den Vorhang der Gemächer. Die Sonne der Sultane setzte mit dem Mond der edlen Frauen den Fuss auf das Lager. Die Dienerinnen der Prinzessin lösten knieend die Fussbekleidung von den Füssen ihrer Herrin ... Der Sultan hob die Mütze der Sultanswürde vom Haupte ab und löste die Schliesse vom königlichen Gürtel. Und in Befolg der durch das Šarıʿatrecht gegebenen Vollmacht hob er das liebliche Siegel von jenem erlauchten Briefe ab" (S. 80/1). Übrigens wird auch ein Emir, der, um zu vermeiden, bei einem Empfang den Boden küssen zu müssen, einen Gichtanfall simuliert, in einer Sänfte getragen (S. 162/3).

VI. *Verschiedenes*

Die zahlreichen das *Kanzleiwesen* betreffenden Stellen gehören nicht in diesen Zusammenhang. Interessant sind zwei Angaben: die Erwähnung von in Geheimschrift abgefassten Briefen, die mit Hilfe eines Imāms, „der einer der asketischen Gelehrten war", entziffert werden (S. 260), und der Vermerk, dass der Sultan Ġijāṯuddīn Kaiḫosrau, der im Alter von 2½ Jahren den Thron bestieg, „eine Zeitlang die Diplomschreiben und Fermāne ... mittels einer hölzernen Schablone zierte" (S. 290). Die Beförderung von Urkunden, Briefen etc. geschieht durch berittene Eilboten, gelegentlich wird auch erwähnt, dass diese in Stafetten reisen. Brieftauben kommen, soweit ich sehe, nur einmal (S. 115) und zwar bei einer Verbindung zwischen Mosul und dem Kalifenhof in Bagdad vor.

Unter den zahlreichen sonstigen kulturhistorisch wichtigen Angaben seien nur einige erwähnt, die bis zu einem gewissen Grade auch für die Kunstgeschichte von Interesse sind.

Sportliche Veranstaltungen fanden gern in Verbindung mit Truppenaufmärschen statt (S. 115, 116, 173, 197). „Mutproben, Speerspiele, Bogenschiessen und Ringstechen" gehörten zum Programm (S. 115). Der Turnierplatz von Konya wird nur kurz erwähnt (Anm. 58 und S. 252), der von Kayseri lag zwischen der Stadt und dem westlich dieser liegenden Schloss Kaiqobādīja (S. 199) in der Mašhad-Ebene, die auch als Truppensammelplatz diente (S. 120, 197). Bei dieser Gelegenheit", so heisst es S. 197, „machten sie den Turnierplatz leer und der Sultan (ʿAlāʾuddīn Kaiqobād) verfolgte den Ǧalāluddīn Qaraṭaj mit dem Speere, doch jener parierte mit der stählernen Keule. Mehrere Male spielten sie dieses Spiel". Auch Polo wurde auf diesem Platz gespielt (S. 120, s.a.S. 32, 101, 166). Von einer Rennbahn ist nur in übertragenem Sinne die Rede (18), wobei einmal eine Zielfahne genannt wird (S. 157). Gelegentliche Zweikämpfe werden ebenfalls auf dem Turnierplatz ausgetragen, so bei der Belagerung von Ankara, wo es von den beiden verfeindeten Emiren heisst „Alle beide stürzten ohne Verzug wie Löwe und Panther mit dem Speer in den Kampf. Bruchstücke der Speere gab es mehr als Stockspäne und Kieselsteine. Und beim Lanzenstossen passierte keinem von den beiden Gegnern ein Fehler. Hilflos streckten sie die Hand nach dem Sattelknopf aus und erhoben die Schlachtkeule. Aber auch damit vermochten sie nichts auszurichten ... Sie wollten nun das Schwert aus der Scheide ziehen und ... den Streithandel zur Entscheidung bringen" (S. 59).

Während Turniere nur gelegentlich veranstaltet wurden, gehörte der *Spazierritt* zum täglichen Zeremoniell (S. 110, 114, 120, 129, 145, 156, 163, 195, 245, 247, 249, 251, 288, 292, 304), er hatte repräsentativen Charakter (S. 251: „vollführte in ganzer Majestät den Spazierritt"), aber auch politische Bedeutung, da er Möglichkeit zu ungestörter Unterredung bot (S. 114, 145, 156, 245, 288, 304).

Eine grosse Rolle spielte die *Jagd* „zu Lande und zu Wasser" (S. 31). Saʿduddīn Köpek ist Oberstjagdmeister (S. 147). Kīr Aleks, der Herr von Sinop, wird bei der Jagd gefangen genommen (S. 65). In der Nähe von Aksaray lag das „Jagdgebiet von Ekeğük" (S. 262, 289) und aus der Festung ʿAlāʾīja reitet der Sultan „zum Jagdhaus". Falkenjagd wird erwähnt (S. 32, s.a.S. 63), ausserdem, wenn auch nur in übertragener Bedeutung, Jagd mit Schlingen (S. 53).

Beim Gelage wurde *musiziert* und gesungen (S. 141, 163, 148), Flöte und Zymbel (S. 97, S. 198), Schelle und Tamburin (S. 98) werden als Instrumente genannt. Tänzer und Akrobaten (S. 129), auch Seiltänzer (S. 322) treten auf. Von einer Harfenspielerin heisst es (S. 148), dass sie „durch Schönheit, Geschicklichkeit, Possenreisserei, Sangeskundigkeit, Melodienreichtum, durch die Schönheit ihrer Stimme und ihren Witz die Perle des Zeitalters" war.

Über die *medizinischen Verhältnisse* erfahren wir nur gelegentlich etwas. Gicht wird mit Salben behandelt (S. 162). Auch die Aleppobeulen, die sich Sultan ʿAlāʾuddīn Kaiqobād in Malatya zugezogen hat, wollen seine Hofärzte mit „Kompressen und Salben" heilen, bis ein herangezogener christlicher Arzt sich zu einem chirurgischen

Eingriff entschliesst (S. 128). Die sehr realistische Darstellung ist wohl sicher authentisch, während man dem Chirurgen, der einem Jüngling den Bauch aufschneidet, um unrechtmässig genossenen Yoghurt nachzuweisen (S. 33) nicht so recht trauen wird. Dass „Wundärzte" (S. 87) das Heer begleiten, versteht sich von selber. Zum Schluss einige Angaben zur *Justiz*. Bei Morden bevorzugt man Gift (S. 198, 263, 275, 290, 305). Gefangene werden mit Metallketten an den Füssen (S. 65, 93, 117) oder Händen (S. 89, 224) gefesselt – oder auch in das „Gefangenenholz" (S. 74), auch „Halsblock" (S. 167) oder „Zwangsholz" (S. 258) gelegt. Bei den „Nackenblöcken", in die man zu Enthauptende spannt (S. 170), scheint es sich um eine Vorwegnahme der Guillotine zu handeln. Das "Gabelholz", in das ein Gefangener gespannt wird (S. 275), scheint eine Art Kreuzigung gewesen zu sein, da er darin stirbt. Folterungen (S. 66, 255, 312) erfolgen, um Geständnisse zu erpressen. Seltenere Todesarten sind Verbrennen (S. 89), Verhungern (S. 119/120), Steinigen (S. 204/5), Hängen (S. 88), das dezente Erwürgen mit einer Bogensehne (S. 203, 290, auch S. 250) und das besonders schimpfliche Schinden (S. 49, 321). Im allgemeinen wird enthauptet (S. 119, 170, 243, 250, 255, 299, 302, 314, 318), wobei der Kopf als Trophäe oder Dokument zum Sultan geschickt (S. 255, 318), in einem Beutel überbracht (S. 250) oder am Sattelgurt befestigt wird (S. 299). Öffentliche Ausstellung ist beliebt; „die vom Rumpf getrennten Köpfe (zweier ermordeter Emire) steckte man (in Konya) auf dem hölzernen Kiosk aus, den man zum Zwecke des Gebetsrufes auf dem Sultanstor errichtet hatte, auf dass hoch und niedrig es betrachte." (S. 243). Den zerstückelten Leichnam des Saʿduddīn Köpek stellte man in einem eisernen Käfig, der an einem Galgen hing, aus (S. 209). Den gleichen moralischen Zweck verfolgte man, wenn Übeltäter „an den Zinnen der Stadtmauer" (S. 22) oder „auf dem Stadtturm" (S. 219) gehenkt werden. Den mit Heu ausgestopften Balg des Ǧimrī schickte man „in den Städten des Reiches herum" (S. 321).

VII. *Topographie*

Soweit die Zusammenstellung der für die Kunstgeschichte direkt oder indirekt interessanten Angaben, die, wie schon oben gesagt, keinen Anspruch auf Vollständigkeit erheben kann, aber doch das Wesentliche erfasst zu haben hofft. Die Ausbeute ist, was zu erwarten war, nicht allzu gross, aber doch auch wieder nicht so gering, dass die auf sie verwendete Arbeit als verschwendet bezeichnet werden müsste. Daneben enthält die Seltschukengeschichte des Ibn Bībī eine Fülle von Angaben über Personen und Orte, die von ungleich grösserer Bedeutung sind. Auf die Zusammenstellung oder gar Auswertung der Angaben zu Personen, deren Namen uns aus der Kunstgeschichte geläufig sind, wie Ǧalāluddīn Qaraṭaj, Saʿduddīn Köpek, Mubārizuddīn Ertoquš und Asaduddīn Rūzbeh, muss hier verzichtet werden. Die Angaben zu Städten, Appellplätzen, Rast- und Haltestellen, Ribāṭs, Hanen und Karavansarays, die für die Topographie und das Itinerar

Anatoliens im 13. Jahrhundert wichtig sind, sollen als Abschluss dieser kleinen Studie zusammengestellt werden.

Die wichtigste Stadt des rumseltschukischen Reiches ist *Konya*, die „Hauptstadt" (S. 51, 55, 61, 95, 96, 271), die „der Sitz des Thrones des Staates ist" (S. 95), „des Thrones der Seltschuken" (S. 313) auf dem Burgberg im Zentrum der Stadt. Konya, die „das Mausoleum der Väter und Grossväter" (S. 50), „die Grabstätte der verstorbenen Sultane" (S. 58) birgt, die auch die Mongolen achten (S. 275) und die die erfolgreich aufständischen Turkmenen des Ǧimrī ihren Zwecken dienstbar zu machen suchen (S. 306). Konya, „von der es heisst, dass eine Stunde des Lebens in ihr besser ist, als tausend Monate in anderen Ländern" (S. 40). „Von allen Ländern waren Menschen hingeeilt, hatten in jener Stadt des Frohmutes sich ein Vaterland geschaffen; keine Stadt, eine ganze Welt war sie" (S. 110). Konya, deren Besitz heisst Herr des Reiches sein (S. 21, 36, 40, 55, 95, 96, 285, 306 ff), Konya, die ʿAlāʾuddīn Kaiqobād mit Mauer (S. 110/111) und Graben (S. 244, 311) umgeben hatte, eine feste Stadt (S. 110, 275, 316) in einem Kranz von Gärten (S. 40, 44, 110, 247, 253), „in ihrer Länge und Breite eine Tagreise Weges" (S. 110). An zweiter Stelle unter den Städten des Reiches steht *Kayseri*, die „wohlbehütete" (S. 70, 130, 143, 270), in deren "Festung" (S. 127) sich Sultan ʿIzzuddīn erfolgreich gegen seinen Bruder ʿAlāʾuddīn Kaiqobād verteidigt (S. 50 ff.), die die Mongolen unter Bāiǧū erst nach 15-tägiger Belagerung erobern (S. 230 f.) und in der der Zug des Mamlukensultans Baibars sein Ende findet (S. 304). Sie verdankt ihre Bedeutung ihrer günstigen Lage zu den nord- und südöstlichen Gebieten des Reiches. Nach Kayseri zieht der Sultan, „um die Angelegenheiten der Provinzen zu inspizieren" (S. 112, s.a. S. 174). Hier empfängt er fremde Fürsten (S. 144), Gesandte (S. 270, 276, s.a. S. 297, 298) und siegreiche Feldherren (S. 143, 183). Von hier bricht das Heer zu Feldzügen auf (S. 70, 220). ʿAlāʾuddīn Kaiqobād heiratet hier (S. 80) und stirbt in dem vor den Toren der Stadt gelegenen Schloss Kaiqobādīja, das er noch vor seinem berühmten Schloss Qobādābād am Beyşehir See hatte bauen lassen.

Der Weg von Konya nach Kayseri führt über *Aksaray*, das dementsprechend häufig, aber immer ohne nähere Angaben erwähnt wird.

Vorort des nordöstlichen Gebietes ist *Sivas*. Von hier aus leitet ʿIzzuddīn Kaikāūs I. die Eroberung von Sinop (S. 64 ff.) und hier wird er 1219 in dem von ihm gebauten Krankenhaus beigesetzt (S. 90). Sein Nachfolger ʿAlāʾuddīn Kaiqobād lässt die Stadt 1221 mit einer Mauer umgeben (S. 111) und empfängt hier „Gesandte der verschiedenen Gebiete der Welt" (S. 153). Beim Mongoleneinfall sammelt sich das Heer in dieser Stadt (S. 225), die nach der Niederlage am Köse Dağ von Bāiǧū nur einer gelinden Plünderung unterworfen wird (S. 229/30). Residenzen von Söhnen Qylyğ Arslān's II. sind in dieser Gegend *Niksar* und *Amasya*, die nur gelegentlich erwähnt werden und *Tokat*, das als Verbannungsort dient (S. 40, 43, 120) und auch nach der Niederlage am Köse Dağ in sel-

tschukischer Hand bleibt (S. 228, 229). Noch beim Ğimrī Aufstand sammeln sich hier die Truppen der Gegenwehr (S. 312).
In ihrer Nähe liegt die Qāz Ova, eines der hauptsächlichen Winterquartiere des Heeres (s.u.).
Erzincan und *Erzerum*, die selbständigen Fürsten unterstehen, spielen in den Kämpfen gegen Ḫvārezmier und Mongolen eine Rolle. *Divriği* unterwirft sich dem Ābāqā Ḫān, der seine Festung schleifen lässt (S. 305 f).
In Zentralanatolien sind am Ende des 12. Jahrhunderts Prinzenresidenzen: *Ankara*, dessen Unzugänglichkeit und Festigkeit gerühmt wird (S. 54, 203 f.), *Niğde*, *Eregli* und *Burğlu*, das mehrfach als Verbannungsort dient (S. 204, 239, 269), im südöstlichen Gebiet *Elbistan* und *Malatya*, „das die Grenzstation des Landes ist" (S. 104) und einen Sultanspalast hatte (S. 207). Beide spielen in den Kämpfen mit Syrien eine Rolle.
Zu diesem alten Bestand kommen durch die Eroberungen unter Ġiyāṯuddīn Kayḫosrau und ʿIzzuddīn Kaikāūs im Süden *Antalya* und *Alanya*, im Norden *Sinop*. Antalya wird 1207 erobert (S. 44 ff.), muss aber 1214 noch einmal nach einem Aufstand eingenommen werden (S. 61 ff.) Von hier aus erfolgt 1221 die Eroberung von Kalonoros-Alanya (S. 105 ff). Beide Städte dienen, besonders in der Zeit des Sultans ʿAlāʾuddīn Kaiqobād als Winterquartier an „den smaragdgrünen Fluren der Küste" (S. 126, 127, 129, 130, 143, 148, 153, 159, 175, 190, 195, 203, 270, 273).
An kleineren Orten kommen, meist ohne nähere Angaben vor: *Akşehir*, *Ilgın* (Āb-i-germ), *Ladik* bei Konya, *Şuhut* südlich und *Altıntaş* nördlich von Afyon-Karahisar, *Develi*, auch Karahisar Develi südlich Kayseri, *Bolvadın*, *Şanduqlu*, *Denizli*, *Isparta*, *Larende* (Karaman), *Ermenāk*, *Kırşehir*, *Sivrihisar*, *Kastamunu*, *ʿOṯmānġūq*, *Zīle*, *Zara*, *Koyul Hisar*, *Ladik* bei Amasya, *Samsun*, *Bafra*, *Trapzon*, *Tadvan*, *Aḫlāṭ*, *Bitlis*, *Van*, *Pınarbası*, *Viranşehir*, *Dārende*, *Afşin*, *Ālāra*, ferner *Harput*, *Arabkir*, *Diyarbekir*, *Silvan* (Majjāfāriqīn), *Mardin* und *Ḥiṣn Kaifa*. Interessant sind die Angaben bei *Altıntaş*, das immer als Dorf bezeichnet wird. Dort findet die Thronbesteigung des ʿIzzuddīn Kaikāūs und seiner beiden Brüder statt (S. 240). Sultan Ruknuddīn überwintert dort (S. 283) und die aufständischen Turkmenen des Ğimrī schlagen an dieser Stelle ihr Lager auf (S. 314). Häufiger genannt wird *Develi*, auch Karahisar Develi, heute Everek, südlich Kayseri, das damals hart an der Grenze des kleinarmenischen Reiches lag (s. S. 54, wo der von der Belagerung Kayseri's abrückende Tekfur in einem Nachtmarsch im Gebiet von Develi die Grenze seines Reiches erreicht). Der Ort selber war aber seltschukisch, denn S. 265 wird ein Sübaşy von D. genannt, der „stets dem König treu und wohlgesinnt war".
Verhältnismässig viel erfahren wir über das *Wegenetz*. Wenn Sultan Ruknuddīn 1192 von Tokat über Aksaray nach Konya zieht (S. 21) so sagt das nichts aus. Auch die Reisen seines Bruders Ġijāṯuddīn von Konya nach Ladik bei Akşehir –

Larende (Karaman) – Klein-Armenien – Elbistan – Malatya – Aleppo – Diyarbekir – Aḫlāṭ – Ǧānīt (Pontus) – Konstantinopel (S. 21 ff.) lassen, ganz abgesehen von dem schwer vorstellbaren Abstecher nach Nordafrika, den Weg im einzelnen nicht erkennen. Anders ist es 1211 bei der Thronbesteigung des ʿIzzuddīn Kaikāūs. S. 50 heisst es „in vielleicht weniger als 5 Tagen brachten sie den Prinzen von Malatya nach Kayseri. Die Obersten des Reiches kamen in Trauerkleidung bis Gedük zum Empfang entgegen". Dieser Ort Gedük wird mehrfach erwähnt. Er liegt an der Strasse Kayseri – Sivas. Die Reiseroute von Malatya nach Kayseri führte also über Sivas.
Als der Kadi Šarafuddīn wegen der Heiratspläne von Erzincan über Sivas nach Kayseri reist, begleitet ihn der Amīr-i-Maǧlis. „Von Gedük an zog er voraus und trug die Angelegenheit (in Kayseri) vor. Der Sultan entsandte die Würdenträger des Reiches zum Empfang (bis Gedük?), und sie zogen in voller Pracht in die Stadt ein" (S. 78). Bei der Thronbesteigung Sultan ʿAlāʾuddīn Kaiqobāds im Jahre 1220, der von Malatya zunächst nach Sivas geritten ist „versah der Amīr-i-Maǧlis bis Gedük den Dienst am grossherrlichen Steigbügel und bot dort ein königliches Gastmahl dar . . ." (S. 95) Er kehrt dann nach Sivas zurück, der Sultan wird in Čibuq von den Notabeln und Würdenträgern Kayseri's empfangen (S. 96). Als Sultan ʿIzzuddīn auf seinem Wege zum Ḫān zwischen Kayseri und Sivas umkehrt, kommen ihm seine beiden Brüder aus Kayseri „bis nach Gedük zum Empfang entgegen" (S. 264, Anm. 320). Als 1221 die Gesandtschaft des Kalifen aus Bagdad in Malatya eingetroffen ist, befiehlt der Sultan, dass die Hofgastführer ihr bis Sivas entgegenreiten . . . Er selber kommt bis zum Karwanseraj Lālā, das wieder an der Strasse Kayseri – Sivas liegt, entgegen (S. 112). S. 256, Anm. 280 wird an dieser Strasse ein Karawanseraj Laṭīf (oder ʿAbdullaṭīf) genannt.
Eine ähnliche Rolle wie Gedük an der Strasse Sivas - Kayseri spielt der Halteplatz Obruk an der Strasse Aksaray – Konya, wo sich noch heute die Ruine eines Karvansaray's des 13. Jahrhunderts befindet. 1211 heisst es bei der Thronbesteigung Sultan ʿIzzuddīn's. „Der Sultan machte sich darauf nach Aksaray auf und begab sich von dort zur Hauptstadt Konya. Die geachteten Persönlichkeiten der Stadt kamen bis zum Haltepunkt Obruk zum Empfang entgegen, führten den Sultan unter grössten Ehrenerweisungen in die Stadt hinein und setzten ihn auf den Thron" (S. 55). Gleiches geschieht beim Einzug ʿAlāʾuddīn Kaiqobād's, nur dass man diesmal in der Ebene von Rūzbeh ein Gelage hält und erst am nächsten Tage in Konya einzieht (S. 96). S. 235 heisst es: „Als Ṣāḥib Šamsuddīn beim Halteplatz Obruk angelangt war, wurde ihm das Bestallungsschreiben zum Vezirat zugestellt." Als die Gesandtschaft aus Bagdad in Aksaray eingetroffen ist, „sandte er (der Sultan) die Emire mit vielen Vorräten zum Empfang entgegen (bis wohin wird nicht gesagt, vermutlich bis Obruk). Als er (der Gesandte) dann die Haltestation Zincirli erreicht hatte, kamen die Kadis, Imāme, Šaiḫe, Ṣūfīs, Notabeln und Aḫīs mit grösstmöglichem Aufgebot zum Empfang entgegen. Indem er sich mit seinem ganzen

Heere schmückend umgeben hatte, begab sich nun auch der Sultan zum Empfang" (S. 101 f). Ob er auch bis zur Haltestation Zincirli, deren Namen sich erhalten hat und wo noch Reste eines älteren Han's sind, ritt, geht aus dem Text nicht hervor, ist aber wahrscheinlich, denn beim Abschied ging er „bis nach Zincirli, das eine Parasange von Konya ist" mit (S. 104). Der Gesandte bekommt Geleit bis nach Malatya, „das die Grenzstation des Landes ist" (S. 104). An einer späteren Stelle heisst es: „Die Einwohner von Konya kamen, wie es Brauch war, bis zum (heute noch gut erhaltenen) Karawanseraj Saʿduddīn Köpek zum Empfang entgegen" (Anm. 292).

Auf der Strecke Kayseri – Aksaray wird nur beim Zuge ʿAlāʾuddīn Kaiqobāds gesagt: „Als er zu der Station (Ribāṭ) Pervāne gelangt war, begaben sich die Einwohner von Aksaray zum Empfang" (S. 96). Die Route seines Zuges ist also: Malatya – Sivas – Gedük – Čibuk – Kayseri – Ribāṭ-i-Pervāne – Aksaray – Obruk – Ebene von Rūzbeh – Konya.

Östlich von Sivas auf dem Wege nach Erzincan spielt ein Halteplatz Ermeksu eine ähnliche Rolle, wird aber nur einmal erwähnt (S. 79/80), ebenso ein Ribāṭ Puser-i-Rāḥat im Gebiet von Sivas (S. 175) und ein Ort Čibuq auf dem Wege von Kemāḫ nach Sivas (S. 250). Der Weg führte von Erzincan nach Erzerum, von wo aus in vier Tagen Aḫlāṭ erreicht werden konnte (S. 164, 179, 183).

Der Verlauf dieser grossen Strassen ist verhältnismässig klar. Dagegen fehlen uns für den Weg von Konya nach Antalya – Alanya brauchbare Angaben. Beim ersten Zuge nach Antalya heisst es nur: „Nachdem er einige Tagesmärsche von bestimmter Länge zurückgelegt hatte, gelangte er in jenes Gebiet" (S. 45) und beim Rückmarsch: „Als er einen Tagesmarsch von der Küste her zurückgelegt hatte, befahl er . . . an dem Halteplatz Dūdān Aufenthalt zu nehmen" (S. 46). Bei allen anderen Zügen werden zwischen Konya und Antalya keine Zwischenstationen angegeben. Nur einen Hinweis haben wir: auf einer dieser Reisen kommt der Sultan in die Gegend, in der er das Schloss Qobādābād bauen lässt (S. 46), das von nun an meist als Station auf dem Wege nach Antalya erscheint (z.B. S. 178). Der Weg muss also von Konya an das Nordende des Beyşehir Sees geführt haben. Von dort kann er nur über Eğridir und Isparta nach Süden verlaufen sein, was von den Hanbauten an dieser Strasse bestätigt wird. Daneben muss es einen näheren Weg gegeben haben, auf dem der Sultan beim Aufstand in Alanya mit geringem Gefolge in drei Tagen dorthin gelangen konnte (S. 175). Auch die Nachricht über den Aufstand in Antalya erreicht Konya in drei Tagen (S. 62). Es wird der Weg Manavgat – Akseki – Beyşehir gewesen sein.

Im Osten muss zwischen Kayseri und Elbistan eine Strasse bestanden haben, die mit dem Truppensammelplatz von Benli Bazar, der wohl bei Pınarbaşı lag, in Verbindung stand (S. 83) und zu der das Karwanseraj des Qaraṭaj (S. 298) gehört. Truppen ziehen von Kayseri über Pınarbaşı nach Elbistan (S. 298), und nach dem Siege Baibars bei Elbistan flieht der Pervāne offenbar auf dieser Strasse in zwei

Tagen nach Kayseri (304), wohin ihm das „Heer Syriens" folgt. Andere Routen sind: Majjāfāriqīn – Diyarbekir – Malatya (S. 222); Konya – Ereğli – Tarsus – Ereğli – Konya (S. 238); Erzincan – Divriği – Elbistan (S. 305) und Konya – Karaman – Ermenāk – Mut – Silifke (S. 317). Der nächste Weg von Kayseri nach Kleinarmenien führte über Develi (Everek) (S. 54, 301).
Bemerkenswert sind einige Zeitangaben: In einer Nacht fliehen die Söhne des Sultans Ġijāṯuddīn von Iznik „an die Grenze der Länder des Islam" (S. 39). Die gleiche Zeit braucht der Tekfūr Lifōn, um von Kayseri über Develi die Grenze Kleinarmeniens zu erreichen (S. 54). Die Strecke Kayseri – Develi wird vom Abendgebet bis zur Mitternacht zurückgelegt (S. 301). Von der Festung Güḏerpirt im Gebiet von Malatya jagt ʿAlāʾuddīn Kaiqobād „in gleichem Schritt mit dem Zephir . . . an Rastorten und Halteplätzen vorbei. Als hierauf die Zeit der Morgendämmerung an Schlaflosigkeit litt, gelangten sie zum Tore der Stadt (Sivas)" (S. 94). In zwei Tagen reitet Saʿduddīn Köpek von Konya nach Ankara, um dort den Tāǧuddīn töten zu lassen (S. 204). „In einem Tag- und Nachtmarsch" kommen Truppen aus Sivas nach Kayseri (S. 218). In einer Nacht erreicht der aus Konya fliehende Sultan Ruknuddīn das Karawanseraj des Ḫ̬ōǧa Masʿūd, das auf dem Wege nach Develi liegt (S. 266 ff.).
In der Umgebung von Konya werden ein Karawanseraj Altynbe (Anm. 373) und ein Karawanseraj des Qymaz (S. 312) erwähnt. Der Halteplatz von Sünnetlü, der vielleicht auch einen Han hatte, lag in der Nähe von Aksaray (Anm. 50).

In den Kämpfen zwischen Sultan ʿIzzuddīn und Ruknuddīn spielt der bekannte und noch erhaltene Sultan Han eine Rolle. Die Emire Sultans ʿIzzuddīn ziehen auf die Nachricht, dass Sultan Ruknuddīn in Aksaray angelangt ist, aus Konya. „In der Ebene von Rūzbeh schlugen sie das Lager auf und trafen die nötigen Massnahmen, Truppen anzuwerben. Sie liessen es sich etwas kosten, und so strömten bald zahlreiche kurdische und arabische Söldner zusammen" (Anm. 286). „Als sie zum Sultanhan (Kārvānsarāj-i-Sulṭān) gelangt waren, hatten sie bereits 10.000 Mann versammelt. Den Emiren des Rudnuddīn kam darüber Nachricht zu. Aus Überheblichkeit und Stolz setzen sie sich in Marsch. So kamen sie zum Han des Sultans Qylyǧ Arslān" (S. 256). Es kommt zum Kampf und zur Aussöhnung der beiden Brüder. „. . . die schuldigen Emire setzten sie im Sultanhan fest" (S. 257). Sultan ʿIzzuddīn schickt von Konya aus „einen Streifzug bis zum ʿAlāʾuddīn-Han, der eine Tagereise vor Aksaray liegt. Darin sassen Karawanenleute aus aller Herren Länder, die Widerstand leisteten. Da legten sie Feuer an das Tor, brannten es nieder und töteten die Leute. Einige liessen sie aber laufen, nachdem sie ihnen ihr Hab und Gut abgenommen hatten" (S. 267). 1256 beim erneuten Vormarsch des Bāiǧū Nojan, der bereits in Aksaray angelangt ist, kommt es zu einer Schlacht beim Karawanseraj ʿAlāʾuddīn (Ḫ̬ān-i-ʿAlāʾī) (S. 272), in der ʿIzzuddīn geschlagen wird (s.a. S. 279).
An der Strasse von Konya nach Aksaray werden folgende Karavansaray's genannt:

Saʿduddīn Köpek, Sultan-Han, Han des Qylyğ Arslān. An der Strasse Aksaray-Kayseri liegen das Ribāṭ-i-Pervāne und das Karawanseraj Ḫ̌ōğa Mas ʿūd. In Raum von Konya-Aksaray die Karawanseraj Altynbe, Qymaz und Sünnetlü. Südlich von Kayseri der Qaraṭaj Han. An der Strasse Kayseri – Sivas die Karwanseraj's Lālā und Laṭīf, bei Sivas das Ribāṭ Puser-i-Rāḥat. Bei manchen ist es nicht möglich, sie mit heute noch vorhandene Bauten zu identifizieren. Jedenfalls sind die im 13. Jahrhundert gebauten Karavansaray's sehr viel zahlreicher als die bei Ibn Bībī genannten.

Dieser grosszügige Ausbau des anatolischen Strassennetzes legt es nahe, zu prüfen, was wir Ibn Bībī über die Einstellung der rumseltschukischen Sultane zum Handel entnehmen können: Klagen von ägyptischen Kaufleuten, die in Antalya ausgeplündert worden waren, bilden (nach Ibn Bībī) den Anlass zur Eroberung dieser Stadt (S. 44), nach der sie für ihre Verluste voll entschädigt werden (S. 46). Nach der Einnahme von Sinop „gab der Sultan Befehl, aus jeder Stadt einen genügend kapitalkräftigen Kaufmann auszuwählen und nach Sinop zu senden. Seine bewegliche und unbewegliche Habe sollte mit seiner Zustimmung für die Privatschatulle angekauft und ihm der volle Kaufpreis ausgehändigt werden" (S. 68). Im Vertrag mit Kleinarmenien heisst es: „Öffnet die Wege für die Reisenden und Kaufleute der Länder und fügt keinem Menschen Belästigung zu" (S. 76). Klagen von Kaufleuten entreissen dem Sultan ʿAlāʾuddīn Kaiqobād die Äusserung „wir haben jene Völker aus ausserordentlicher Barmherzigkeit sicher und ruhig leben lassen. Wenn sie aus übergrossem Unverstand dies nicht zu schätzen wissen und den Kaufleuten der Länder, die ihr Leben für den Preis des Lebensunterhaltes aufs Spiel setzen und mit Angst und Furcht in den Landen umherschweifen, Schaden zufügen, so wären wir, wenn wir zur Züchtigung für jene Verwirrung Kriegsleute entsenden, der Verzeihung, ja vielleicht sogar des Lobes und Dankes würdig." (S. 131). Die Folge sind Feldzüge gegen die Soğdier (S. 136 ff.) und gegen Kleinarmenien (S. 140 ff.), um „den Kaufleuten für ihre in Verlust geratenen Güter Ersatz und Wiedergutmachung zu leisten" (S. 143). Der erste Gesandte der Mongolen ist ein Kaufmann aus Erzerum (S. 193). Beim Konflikt mit den Ḫvārezmiern spielt es eine Rolle, dass diese „die Karawanen am Verkehr gehindert" haben (S. 211). In der zweiten Hälfte des 13. Jahrhunderts, als die Macht des Sultanates mehr und mehr verfällt, lässt sich dieser Schutz des Handels wie die Ereignisse im Sultan Han, wo „Karawanenleute aus aller Herren Länder" überfallen und ausgeplündert werden (S. 267), nicht mehr aufrechterhalten (s.a. S. 270, 312).

Das Problem dieser Karavansaray's, von denen Ibn Bībī zwölf nennt, berührt sich eng mit den „Halte- und Rastplätzen" seines Textes sowie, da der fortifikatorische Wert dieser Anlagen unverkennbar ist, mit den militärischen Sammelplätzen, von denen er spricht. Raststätten werden nie mit Namen genannt (S. 94, 212, 268), Halteplätze mit zwei Ausnahmen (S. 94, 278) immer. Am häufigsten erscheint der Halteplatz Obruk zwischen Aksaray und Konya, bis zu dem man entgegenzieht, um Besucher einzuholen (S. 55, 96, 255). Auf der Strecke Kayseri – Sivas spielt Gedük eine entsprechende Rolle (S. 51, 78, 95, Anm. 320), wird aber nie als Halteplatz bezeichnet. Als solche erscheinen im Raum von Konya Rūzbeh (S. 282) und Zincirli (S. 101), bei Aksaray Sünnetlü (Anm. 50), bei Antalya Dūdān (S. 46), zwischen Sivas und Erzincan Ermeksu (S. 80). Obruk und Rūzbeh haben in späterer Seltschukenzeit Karavansaraybauten gehabt, vermutlich auch Zincirli und Sünnetlü.

Als Sommerlager der Truppen dient die Ebene von Benli Bazar, deren fette Weiden gerühmt werden (S. 71). Sie muss nicht weit von Kayseri (S. 70) in Richtung Elbistan (S. 83) gelegen haben, vermutlich in der Gegend von Pınarbaşı. Als Winterlager wird die Qāz Ova bei Tokat mehrfach genannt (S. 278, 318, 319, Anm. 453). Einer der wichtigsten Truppensammelplätze war die Mašhad-Ebene bei Kayseri (S. 120, Anm. 80, 197, 199, 200, 231, 298, 299, 300, 304). Sie lag zwischen dem Schloss Kaiqobādīja und der Stadt (S. 145, 199) und hatte einen Turnierplatz (S. 120, 197, 199). Bei Konya spielt die Ebene von Rūzbeh eine ähnliche Rolle (S. 62, 97, 282, Anm. 339). Auch hier wird ein Schloss des Sultans namens Fīlūbād, genannt, (Anm. 434), in dem der aufständische Ǧimrī wohnt (S. 315), um von dort aus täglich nach Konya zu reiten.

Ob die Ebene von Fīlūbād (S. 311), in der seine Truppen lagern, mit der Ebene von Rūzbeh identisch ist, lässt sich nicht entscheiden. Wenn diese mit dem Gebiet um den heutigen Rūzbeh (Horozlu) Han zusammenfällt, würde es in der Entfernung von Konya passen. Nördlich Konya liegt die Ebene von Pınarbaşı (heute Tömek), wo der Ǧimrī Lager bezieht (S. 320). Andere Ebenen wie die Mut Ova (S. 317) im Taurus, die Ebene von Akşehir östlich Sivas (S. 166), die Ebene von Mālīye bei Kırşehir (S. 219) und die Ebene von Aḥmad Ḥiṣār (S. 268) werden nur als gelegentliche Lagerplätze genannt, dagegen könnte die Ebene von Ḫeil im Gebiet von Burġlu (Ulu Burla) (Anm. 471), wo der Sultan nach der Niederwerfung des Qaramanen-Aufstandes das Lager bezieht, ständiger Lagerplatz gewesen sein (s. S. 321). Andere Sultanslager werden beim Dorfe Qara Öjük in der Gegend von Akşehir (S. 237, 283), im Dorf Altıntaş nördlich Afyon Karahisar (S. 283) und in Kızıl Viran bei Ilgın (S. 275) erwähnt.

An dieser Stelle möchte ich die Übersicht abbrechen. Manches wäre noch zu sagen. Besonders reizt es, den zuletzt gegebenen topographischen Angaben nachzugehen. Ich hatte es zunächst geplant, aber es würde zu weit führen. Ausserdem ist mir im Fortschreiten der Arbeit immer mehr klar geworden, dass es richtiger ist, hier nur das Material, das wir der „Seltschukengeschichte des Ibn Bībī" entnehmen können, zu bringen, ohne zu ihm in dieser oder jener Form Stellung zu nehmen. Die topographischen Probleme werden zudem im zweiten Teil meiner Arbeit über *Das anatolische Karavansaray des* 13. *Jahrhunderts* demnächst behandelt werden.

VERZEICHNIS DER ABBILDUNGEN

21. Fayencemosaik-Mihrab in der Eşrefoğlu Moschee in Beyşehir, Ende des 13. Jahrh. (Photo Berggren).
22. Koranpult (Rahle) aus dem Mausoleum in Konya, 1. Hälfte des 13. Jahrh. Istanbul, ehemals Tschinili Kiosk. İstanbul.
23. Maqsûra (Fürstenloge) für Sultan Kaiḫosrau I., Anf. 13. Jahrh. Istanbul, ehemals Tschinili Kiosk. İstanbul.
24. Das Schloss Qobādābād am Beyşehir See (Photo H. Erdmann).
25. Der „Haydar Bey Kiöşk" bei Kayseri, vielleicht ein Saray des Wezirs Karatay (Photo H. Erdmann).
26. Rest des Schlosses Kaiqobādīja bei Kayseri (Photo H. Erdmann).
27. Das Schlösschen von Erkilet bei Kayseri, datiert 1241 (Photo H. Erdmann).
28. Marmorportal des Schlösschens von Erkilet (Photo H. Erdmann).
29. Alanya, Tershane („Trockendock") aus der Zeit Sultans ʿAlāʾuddīn Kaiqobād I. (Photo H. Erdmann).
30. Antalya, Yivli Minare aus der Zeit Sultans ʿAlāʾuddin Kaiqobād I. (Photo H. Erdmann).
31. Antalya, Inschrift von einem Turm der Stadtmauer mit dem Namen Sultans Ġijāṯuddīn Kaiḫosrau II. und dem Datum 642 = 1244/5, Museum Antalya (Photo H. Erdmann).
32. Sarafşa Han bei Alanya, Bau aus der Zeit Sultans Ġijāṯuddīn Kaiḫosrau II. (Photo H. Erdmann).
33. Mittelschiff der Halle des Sultan Han's bei Aksaray (1229) (Photo H. Erdmann).
34. Fassade des Han's von Obruk, anepigraph, aber 1259 in der literarischen Überlieferung erwähnt (Photo H. Erdmann).
35. Portal des Saʿduddīn Köpek Han's bei Konya (1237) (Photo H. Erdmann).
36. Wasserspeier an der Fassade des Karatay Han's (1240) (Photo R. M. Riefstahl).
37. Sivas, Imaret des Sultan ʿIzzuddīn Kaikāūs, Fassade seines Mausoleums (1217/18) (Photo H. Erdmann).
38. Niğde, Türbe der Khudawand Hatun, Tochter des Sultans Ruknuddīn Qylyğ Arslān IV. (1312) (Photo H. Erdmann).
39. Divriği, Donjon der Kale, die Ābāqā schleifen liess (s. Ibn Bībī S. 306) (Photo H. Erdmann).
40. Die uneinnehmbare Bergfeste Ālāra, bei Alanya, die sich den Truppen des Sultans ʿAlāʾuddīn Kaiqobād ergab (s. Ibn Bībī S. 109) (Photo H. Erdmann).

(Die Vignetten auf S 1 und 33 sind nach seltschukischen Grabsteinen im Museum von Afyon- Karahisar gezeichnet).

TAFELN

Abb. 1 Tor der Stadtmauer von Konya, nach Ch. Texier 1849.

Abb. 2 Relief aus der Stadtmauer, heute im Museum in Konya (Photo H. Erdmann).

Abb. 3 Relief aus der Stadtmauer, heute im Museum in Konya (Photo H. Erdmann).

Abb. 4 Die Umfassungsmauer des Burgberges in Konya im Jahre 1825, nach L. de Laborde.

Abb. 5 Fassade der ʿAlāʾuddīn Moschee auf dem Burgberg in Konya (Zustand 1956) (Photo H. Erdmann).

Abb. 6 (Zustand 1959) Photo K. Erdmann).

Abb. 8 Minber der ʿAlāʾuddīn Moschee in Konya, Mitte 13. Jahrh. (Photo Berggren).

Abb. 7 Blick in das Innere der ʿAlāʾuddīn Moschee in Konya, östlicher Erweiterungsbau des frühen 13. Jahrh. (Photo H. Erdmann).

Abb. 9 Der „Kiosk" von Konya – an die Mauer des Burgberges angebauter loggienartiger Teil des Sultanpalastes (Zustand 1897) (Photo Berggren)

Abb. 10 Desgl. Zustand 1956 (Photo H. Erdmann)

Abb. 11 Kenotaphe im Mausoleum der rumseltschukischen Sultane an der Moschee ʿAlāʾuddīn in Konya (Photo Berggren).

Abb. 12 Fliesen vom „Kiosk" in Konya. Berlin, Museen (Photo Schwarz)

Abb. 13 Steinrelief im Museum in Konya (Photo H. Erdmann)

Abb. 14 Marmorrelief aus Konya, Istanbul, Türk ve Islam Eserleri Müzesi.

Abb. 15 Stuckrelief aus dem Sultanpalast in Konya. Istanbul, Türk ve Islam Eserleri Müzesi.

Abb. 16 Steinrelief eines Lautenspielers, angeblich aus Konya. Berlin, Museen.

Abb. 17 Knüpfteppich des 13. Jahrh. aus der Moschee ʿAlāʾuddīn in Konya. Istanbul, Türk ve Islam Eserleri Müzesi.

Abb. 18 Goldbrokat mit dem Namen des Sultans ʿAlāʾuddīn Kaiqobād. Lyon, Musée des Tissus

Abb. 19 Holztür der Ulu Cami in Divriği (Detail) Mitte des 13. Jahrh. (Photo H. Erdmann).

Abb. 20 Moscheeampel, Bronze, 1280/1 in Konya gefertigt. (Photo D. S. Rice).

Abb. 21 Fayencemosaik-Mihrab in der Eşrefoğlu Moschee in Beyşehir, Ende des 13. Jahrh. (Photo Berggren).

Abb. 22 Koranpult (Rahle) aus dem Mausoleum in Konya, 1. Hälfte des 13. Jahrh. Istanbul, ehemals Tschinili Kiosk, Istanbul.

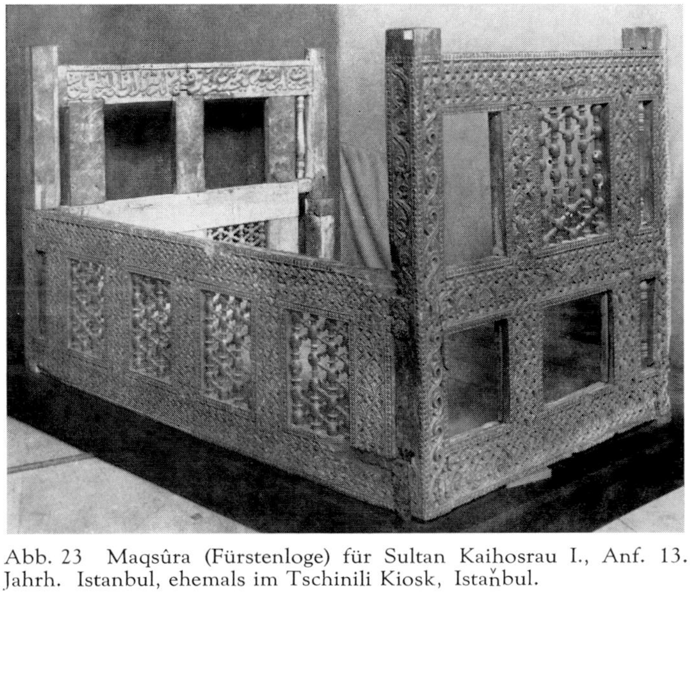

Abb. 23 Maqsûra (Fürstenloge) für Sultan Kaihosrau I., Anf. 13. Jahrh. Istanbul, ehemals im Tschinili Kiosk, Istanbul.

Abb. 24 Das Schloss Qobādābād am Beyşehir See (Photo H. Erdmann).

Abb. 25 Der „Haydar Bey Köşk" bei Kayseri, vielleicht ein Saray des Wezirs Karatay (Photo H. Erdmann).

Abb. 26 Rest des Schlosses Kaiqobādīja bei Kayseri (Photo H. Erdmann).

Abb. 28 Marmorportal des Schlösschens von Erkilet (Photo H. Erdmann.)

Abb. 27 Das Schlösschen von Erkilet bei Kayseri, datiert 1241 (Photo H. Erdmann).

Abb. 29 Alanya, Tershane („Trockendock") aus der Zeit Sultans ʿAlāʾuddīn Kaiqobād I. (Photo H. Erdmann).

Abb. 30 Antalya, Yivli Minare, aus der Zeit Sultans ʿAlāʾuddīn Kaiqobād I. (Photo H. Erdmann).

Abb. 31 Antalya, Inschrift von einem Turm der Stadtmauer mit dem Namen Sultans Ġijāṯuddīn Kaiḫosrau II. und dem Datum 642 = 1244/5, Museum Antalya (Photo H. Erdmann).

Abb. 32 Sarafşa Han bei Alanya, Bau aus der Zeit Sultans Ġijāṯuddīn Kaiḫosrau (Photo H. Erdmann).

Abb. 33 Mittelschiff der Halle des Sultan Han's bei Aksaray (1229) (Photo H. Erdmann).

Abb. 34 Fassade des Han's von Obruk, anepigraph, aber 1259 in der literarischen Überlieferung erwähnt (Photo H. Erdmann).

Abb. 35 Portal des Saᶜduddīn Köpek Han's bei Konya (1237) (Photo H. Erdmann).

Abb. 36 Wasserspeier an der Fassade des Karatay Han's (1240) (Photo R. M. Riefstahl).

Abb. 37 Sivas, Imaret des Sultan ʿIzzuddīn Kaikāūs, Fassade seines Mausoleums (1217/18) (Photo H. Erdmann).

Abb. 38 Niğde, Türbe der Khudawand Hatun, Tochter des Sultans Ruknuddīn Qylyğ Arslān IV. (1312) (Photo H. Erdmann).

Abb. 39 Divriği, Donjon der Kale, die Abāqā schleifen liess (s. Ibn Bībī S. 306) (Photo H. Erdmann).

Abb. 40 Die uneinnehmbare Bergfeste Ālāra bei Alanya, die sich den Truppen des Sultans ʿAlāʾuddīn Kaiqobād ergab (s. Ibn Bībī S. 109.) (Photo H. Erdmann).